Das Zahlenbuch 0

Arbeitsheft

von Erich Ch. Wittmann und Gerhard N. Müller

Ernst Klett Verlag
Stuttgart · Leipzig

Inhaltsverzeichnis

Das Pfeilsymbol → in den Fußzeilen weist auf zugehörige Seiten im ZAHLENBUCH 0 hin, auf denen die zu erlernenden Fähigkeiten eingeführt werden.

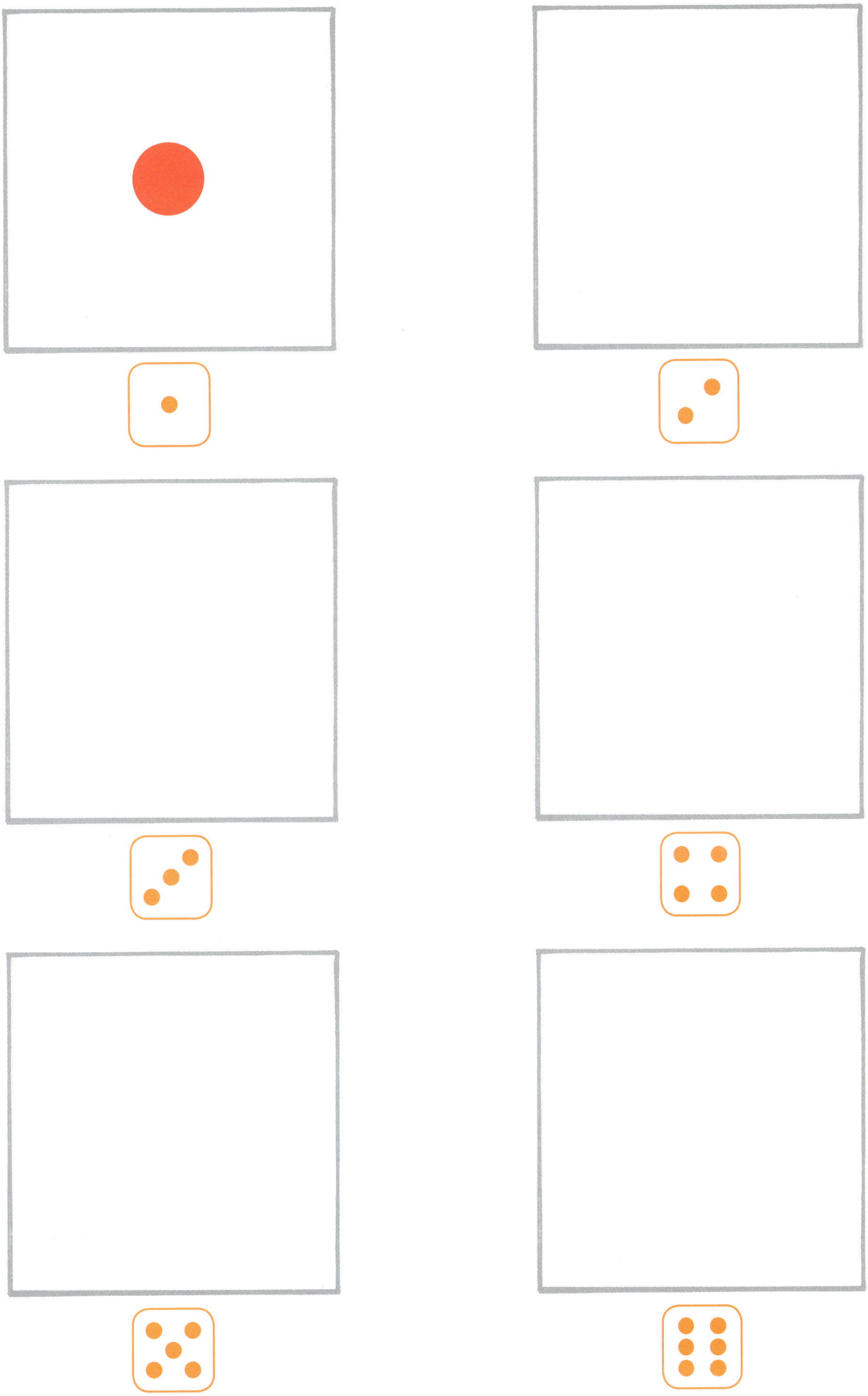

→ Schülerbuch, Seiten 4, 5
Würfelbilder für die Zahlen 1 bis 6 mit Klebepunkten einer Farbe kleben.

Mengenbilder malen

→ Schülerbuch, Seiten 4, 5

Zu den Würfelbildern entsprechend viele Tiere (z. B. Enten, Hasen, Igel, ...) mit Buntstiften malen.

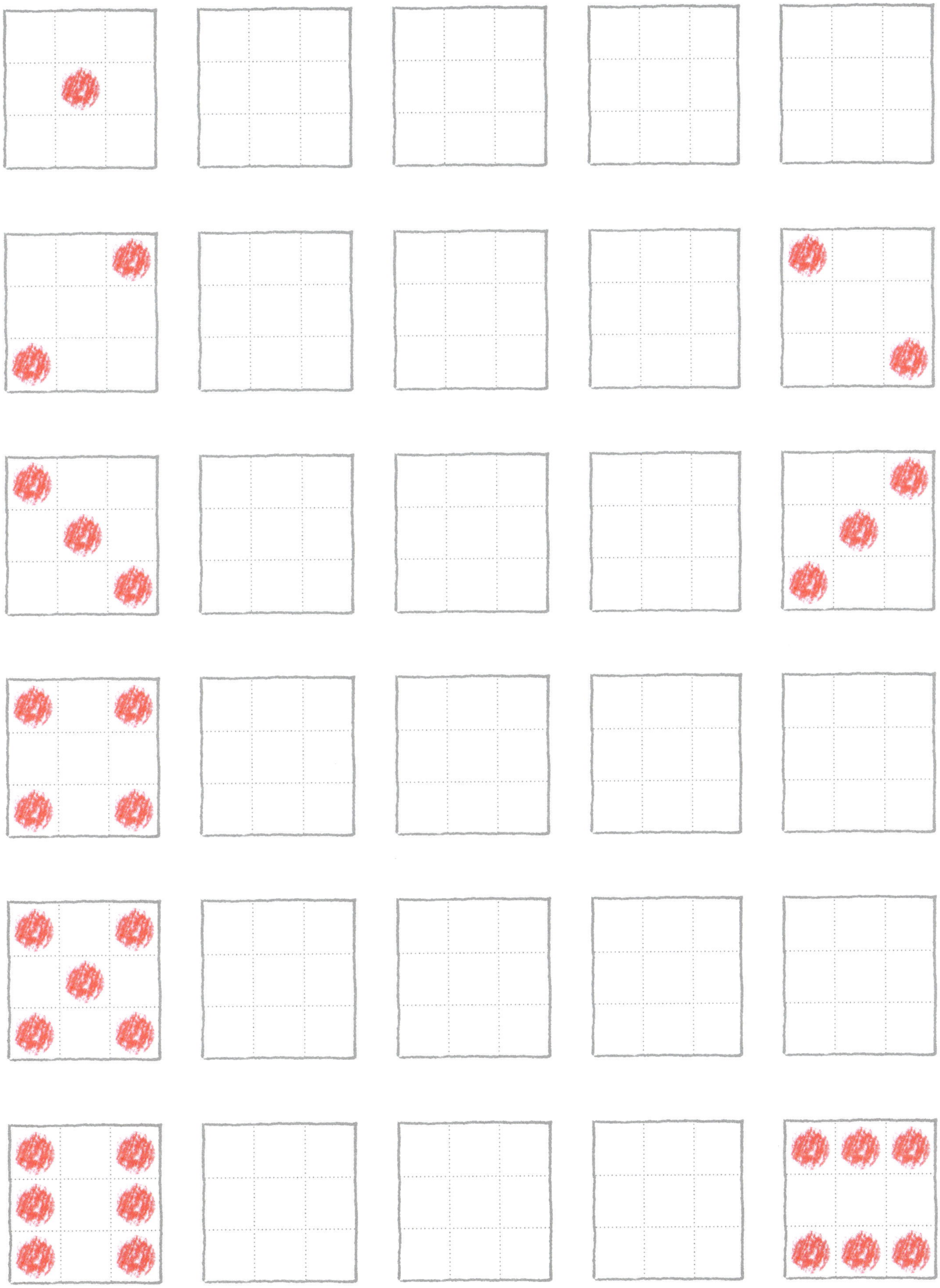

→ Schülerbuch, Seiten 6, 7

Würfelbilder für die Zahlen 1 bis 6 mit einem Buntstift malen. Die Anordnung kann dabei variieren.

Würfelbilder malen

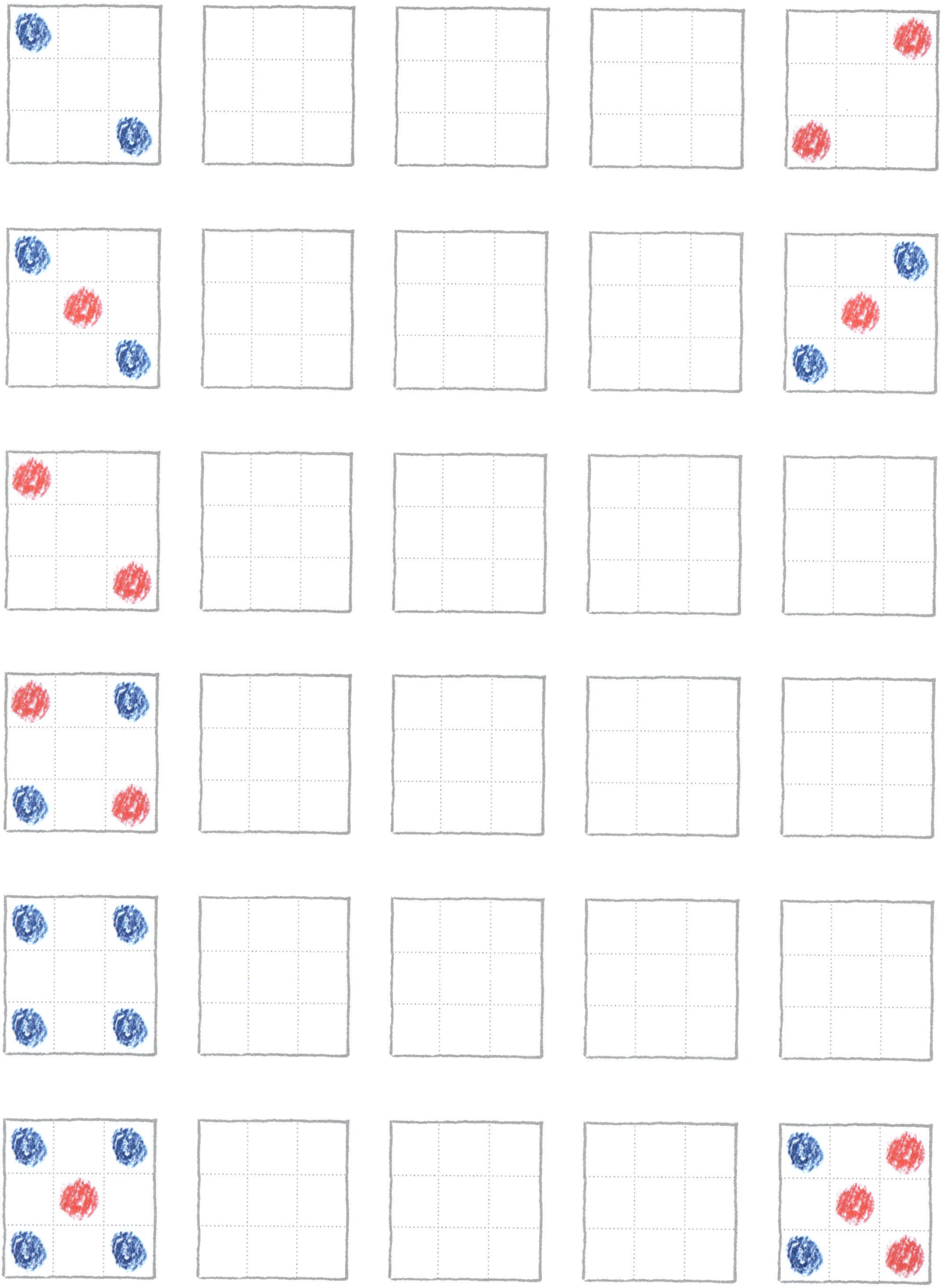

→ Schülerbuch, Seiten 6, 7

Zur Verdeutlichung von Beziehungen Würfelbilder mit rotem und blauem Buntstift malen. Die Anordnung der Punkte kann dabei variieren.

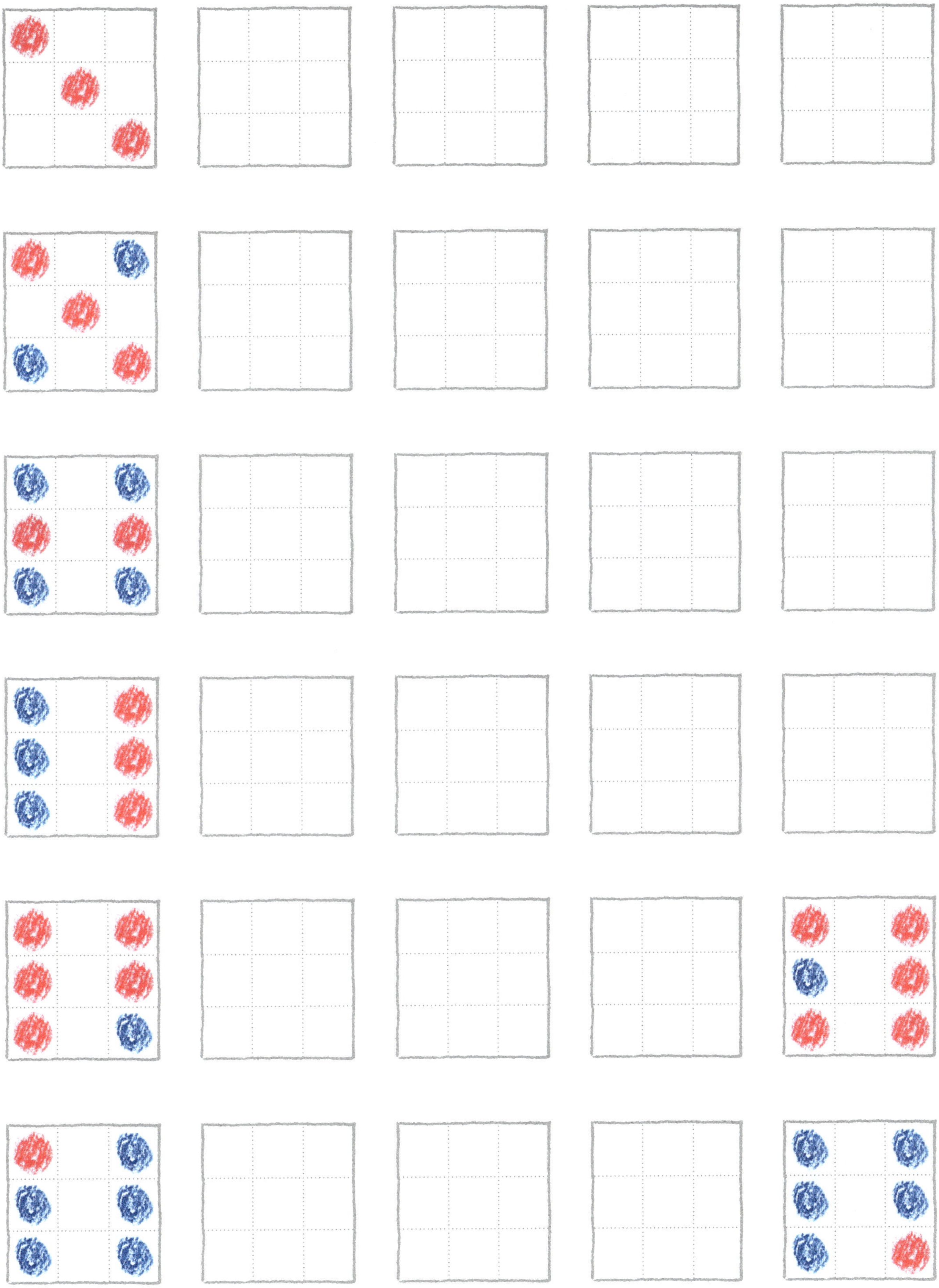

→ Schülerbuch, Seiten 6, 7
Zur Verdeutlichung von Beziehungen Würfelbilder mit rotem und blauem Buntstift malen. Die Anordnung der Punkte kann dabei variieren.

Personen zählen

→ Schülerbuch, Seiten 8, 9

Die Anzahl der Personen in jeder Gruppe bestimmen und die entsprechende Punktezahl mit Buntstiften malen oder mit Klebepunkten kleben.

Räder zählen

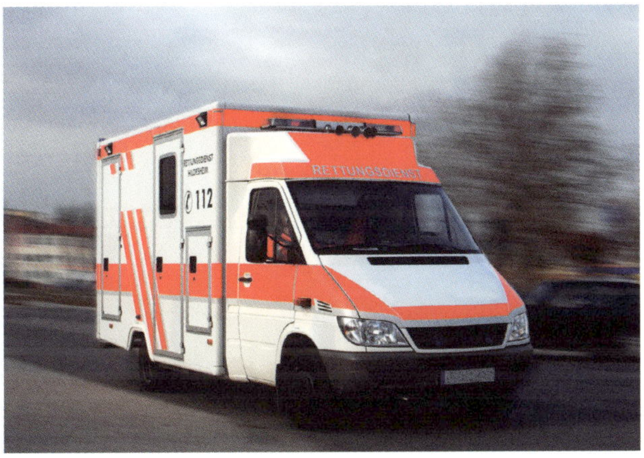

→ Schülerbuch, Seiten 8, 9
Zuerst bei jedem Fahrzeug die Anzahl der Räder bestimmen und die entsprechende Punkteanzahl mit Buntstiften malen oder mit Klebepunkten kleben.

Zahlen am Strand

 ....

 ....

 ....

 ....

→ Schülerbuch, Seiten 8, 9

Zuerst über das Bild auf der Doppelseite sprechen. Dann alle Boote suchen. Auf jedes Boot ein Plättchen legen und dann genauso viele Klebepunkte in die Tabelle kleben oder mit Buntstift malen. Analog mit Bällen, Möwen und Eimern verfahren.

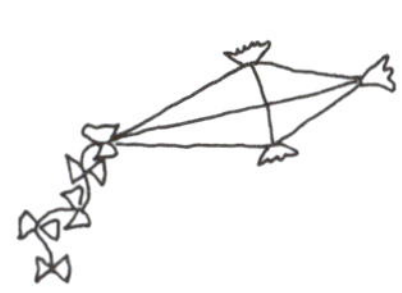

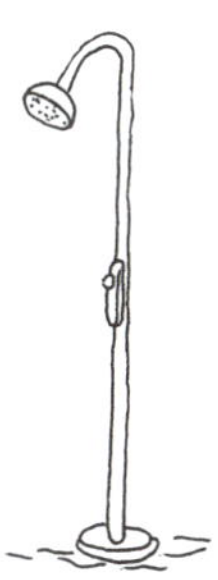

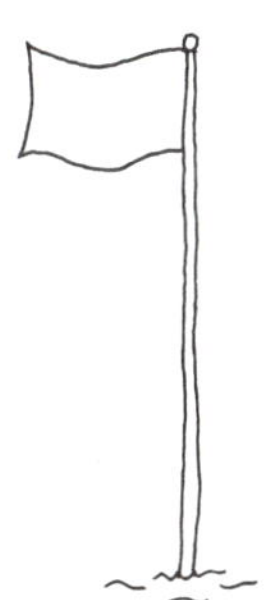

→ Schülerbuch, Seiten 8, 9

Alle Strandkörbe suchen. Auf jeden Strandkorb ein Plättchen legen und dann genauso viele Klebepunkte in die Tabelle kleben oder mit Buntstift malen. Analog mit den Drachen, Duschen und Fahnen verfahren.

Immer 2 einkreisen

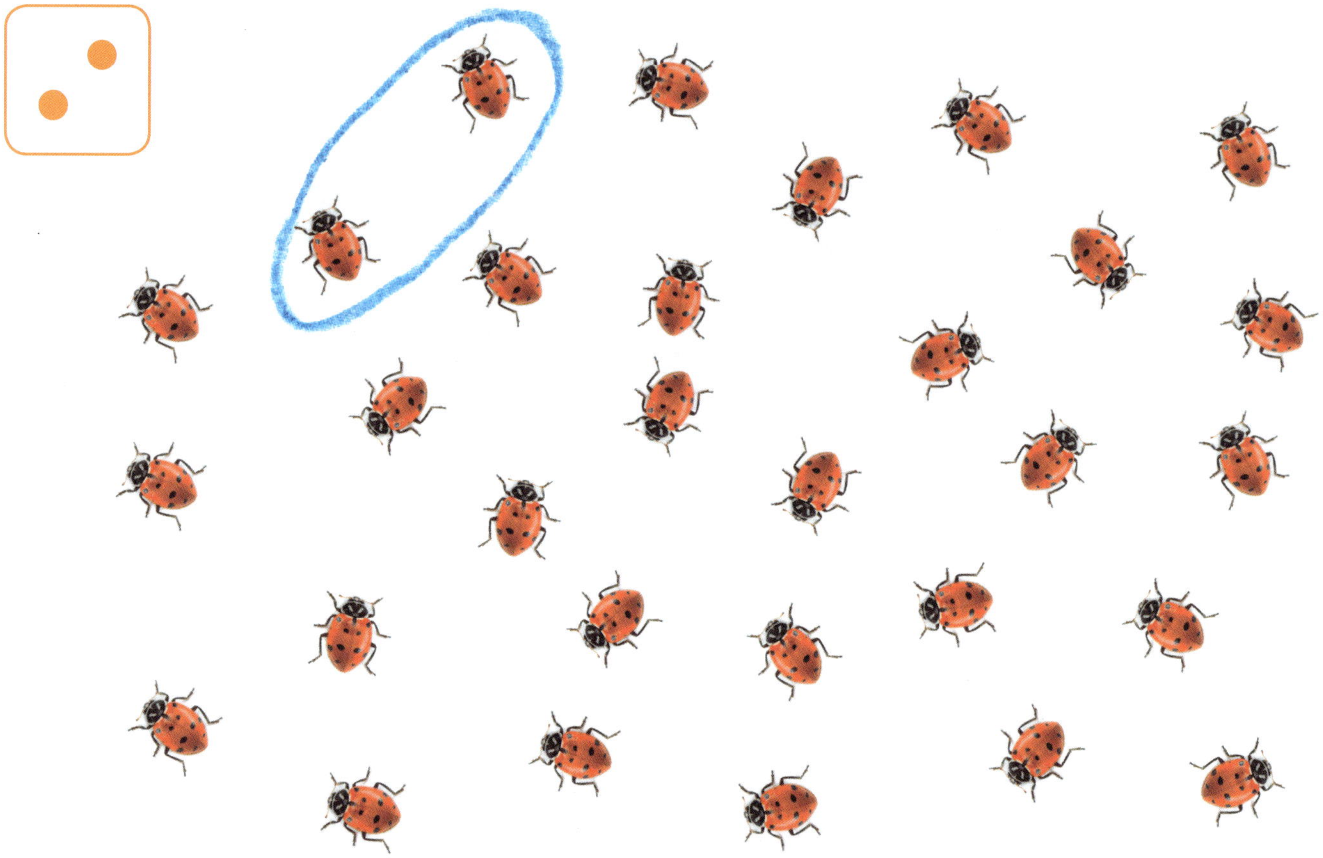

→ Schülerbuch, Seiten 10, 11

Mit weichem Bleistift oder Buntstift Käfer und Bienen jeweils immer zu Zweiermengen zusammenfassen.

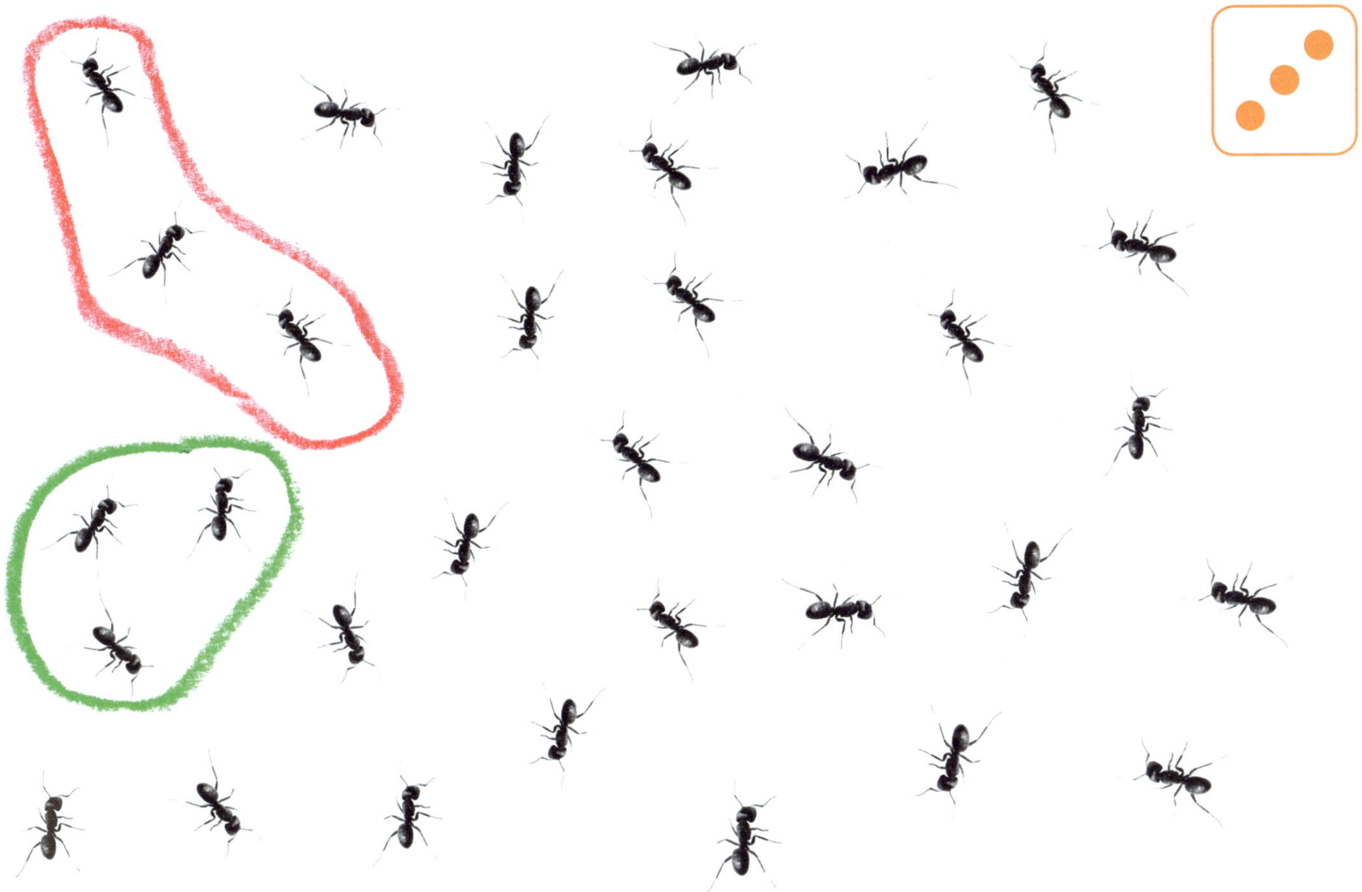

→ Schülerbuch, Seiten 10, 11
Mit weichem Bleistift oder Buntstift Ameisen und Schmetterlinge jeweils immer zu Dreiermengen zusammenfassen.

Immer 4 einkreisen

→ Schülerbuch, Seiten 10, 11

Mit weichem Bleistift oder Buntstift Schmetterlinge immer zu Vierermengen zusammenfassen.

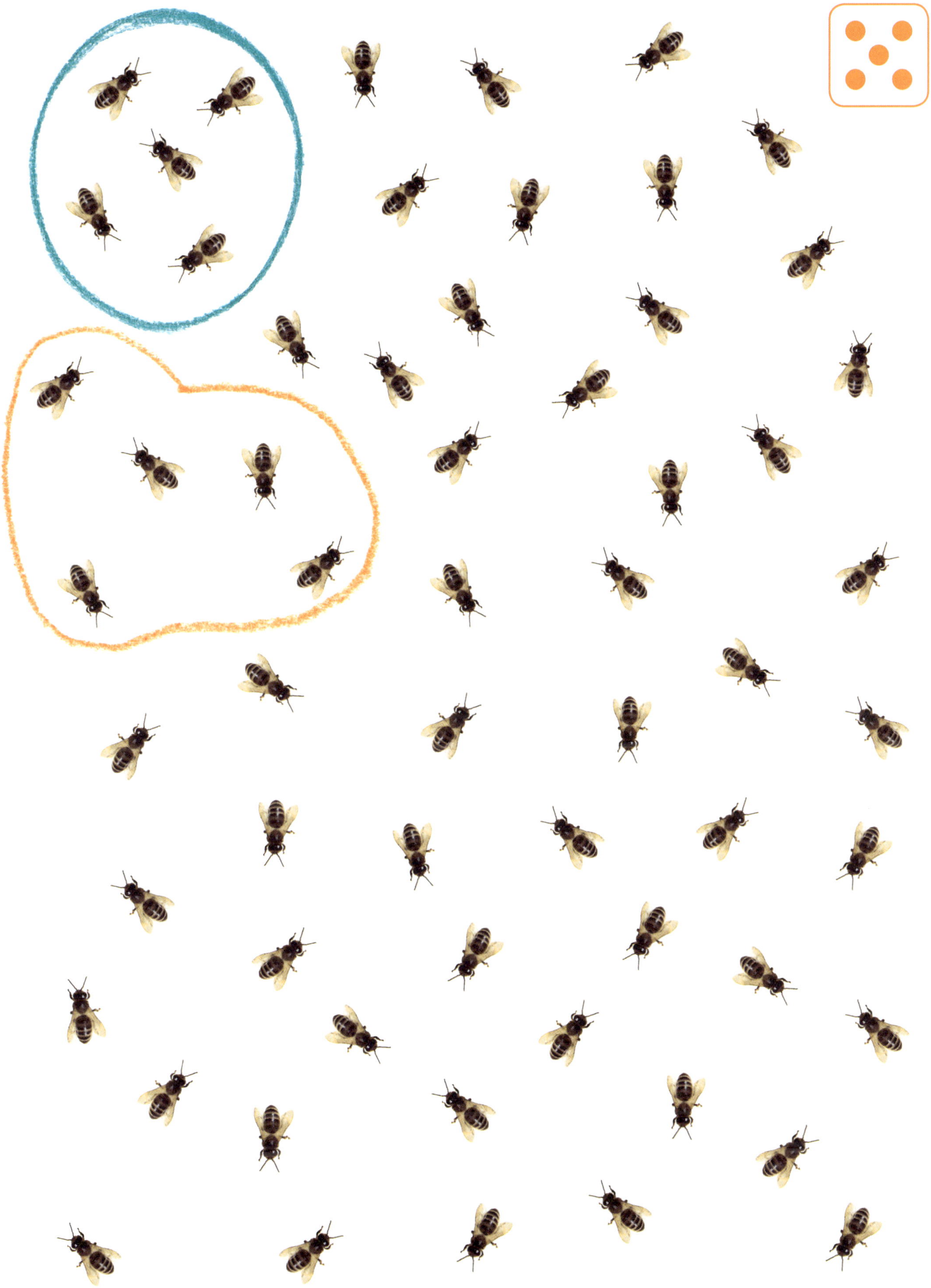

→ Schülerbuch, Seiten 10, 11
Mit weichem Bleistift oder Buntstift Bienen immer zu Fünfermengen zusammenfassen.

→ Schülerbuch, Seiten 10, 11

Die Anzahl der Insekten bestimmen und mit einem weichen Bleistift oder Buntstift jeweils zusammengehöriges Anzahlbild mit Würfelbild verbinden.

Würfelbilder zuordnen

→ Schülerbuch, Seiten 10, 11
Die Anzahl der Insekten bestimmen und mit einem weichen Bleistift oder Buntstift jeweils zusammengehöriges Anzahlbild mit Würfelbild verbinden.

Würfelbilder zuordnen

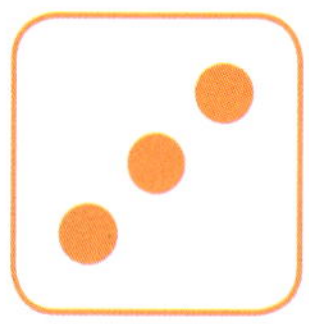
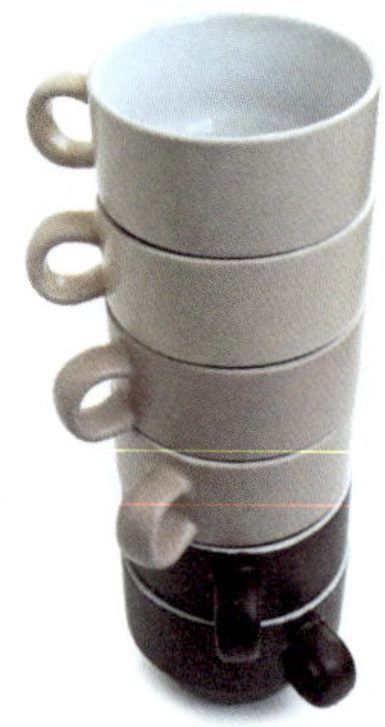

→ Schülerbuch, Seiten 10, 11

Bei Gegenständen aus dem Haushalt die Anzahl bestimmen und mit einem weichen Bleistift oder Buntstift jeweils zusammengehöriges Anzahlbild mit Würfelbild verbinden.

→ Schülerbuch, Seiten 10, 11
Bei Gegenständen aus dem Supermarkt die Anzahl bestimmen und mit einem weichen Bleistift oder Buntstift jeweils zusammengehöriges Anzahlbild mit Würfelbild verbinden.

Blumen malen

→ Schülerbuch, Seiten 12, 13

Blüten mit je drei Blütenblättern mit Buntstiften malen.

→ Schülerbuch, Seiten 12, 13

Blüten mit je vier Blütenblättern mit Buntstiften malen.

Blumen malen

→ Schülerbuch, Seiten 12, 13

Blüten mit je fünf Blütenblättern mit Buntstiften malen.

→ Schülerbuch, Seiten 16, 17
Mit Wachsmalstiften oder Buntstiften Seifenblasen (Kreise) malen.

Regenstriche malen

→ Schülerbuch, Seiten 16, 17

Mit Wachsmalstiften oder Buntstiften Regenstriche in unterschiedlicher Länge malen.

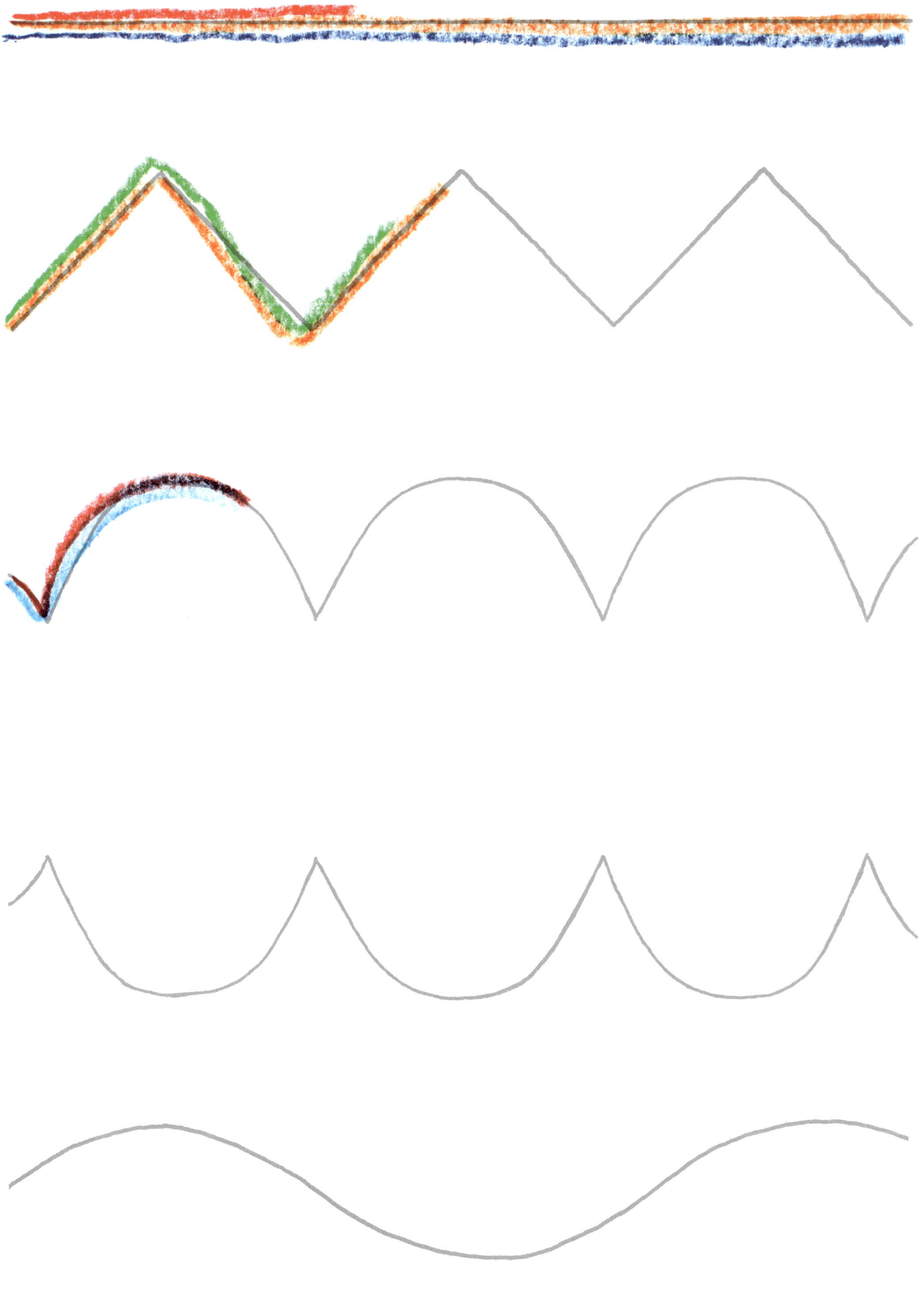

→ Schülerbuch, Seiten 16, 17

Vorgegebene Linien mit Wachsmalstiften oder weichen Buntstiften in verschiedenen Farben mehrfach nachspuren.

→ Schülerbuch, Seiten 18, 19

Vorgegebene Linien mit Wachsmalstiften oder weichen Buntstiften in verschiedenen Farben mehrfach nachspuren.

→ Schülerbuch, Seiten 18, 19
Vorgegebene Linien mit Wachsmalstiften oder weichen Buntstiften in verschiedenen Farben mehrfach nachspuren.

Wellenform zeichnen

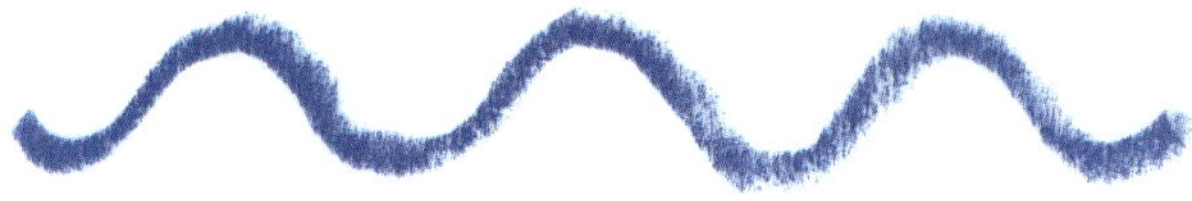

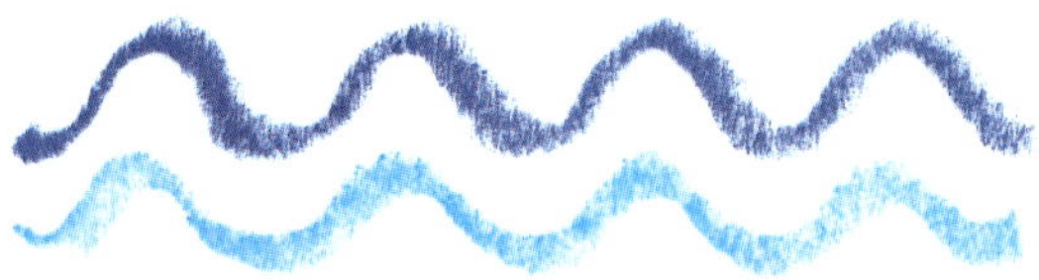

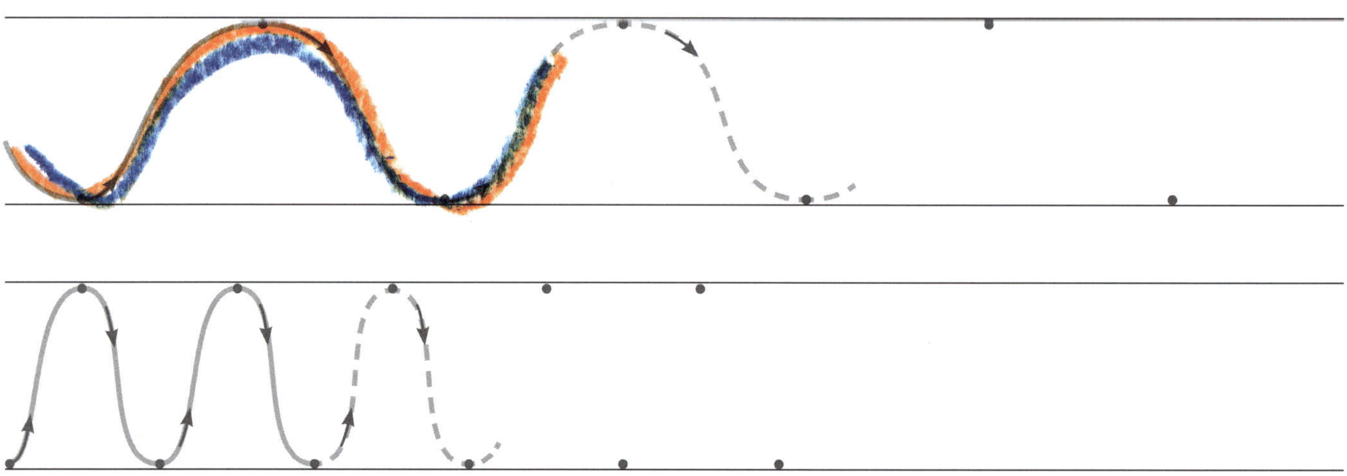

→ Schülerbuch, Seiten 20, 21

Wellenform mit Wachsmalstiften oder weichen Buntstiften in verschiedenen Farben mehrfach zeichnen und nachspuren.

Schraubenform zeichnen

→ Schülerbuch, Seiten 20, 21

Schraubenform mit Wachsmalstiften oder weichen Buntstiften in verschiedenen Farben mehrfach nachspuren und zeichnen.

Bogenform zeichnen

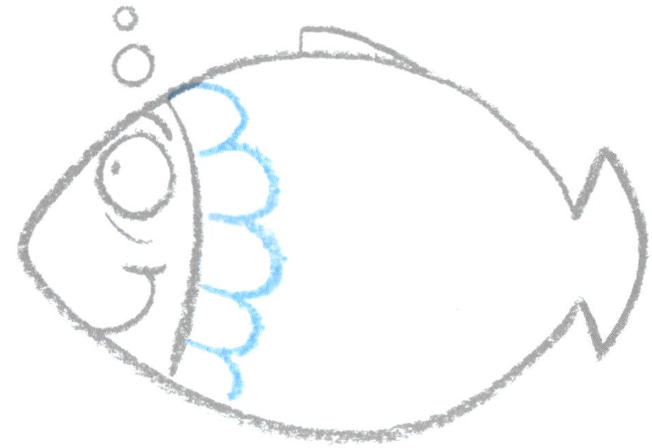

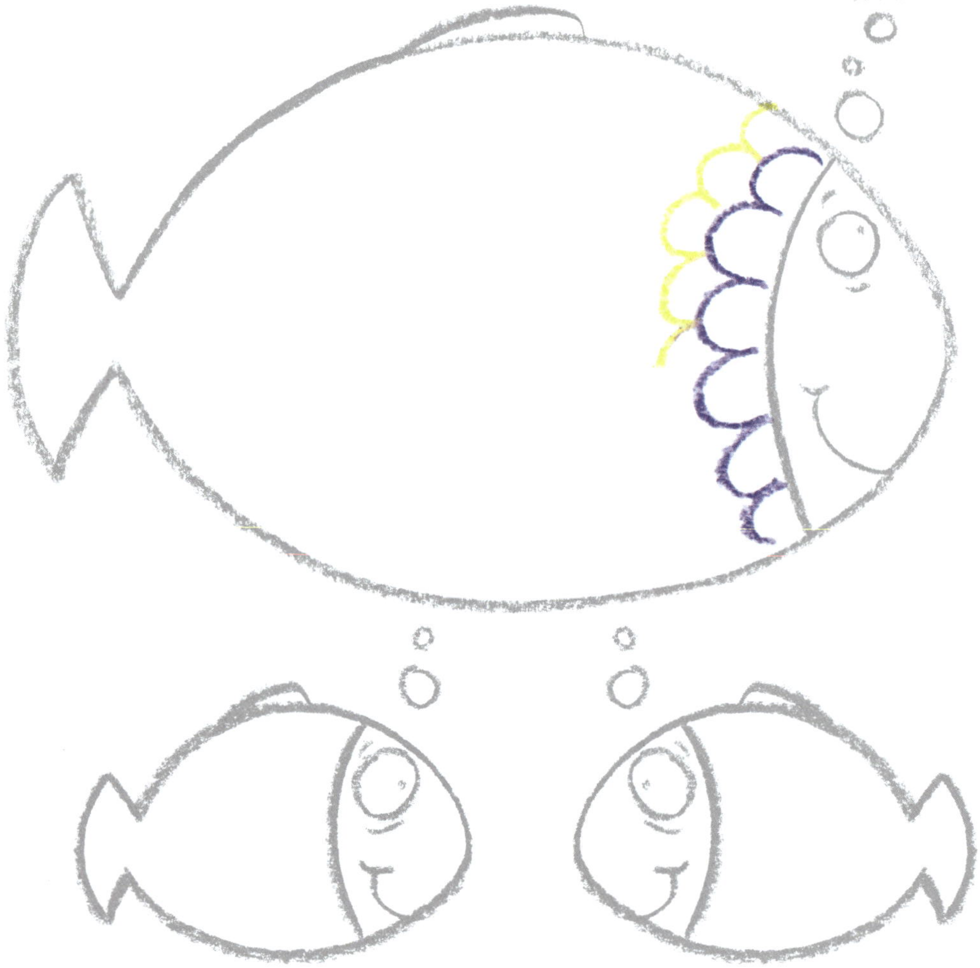

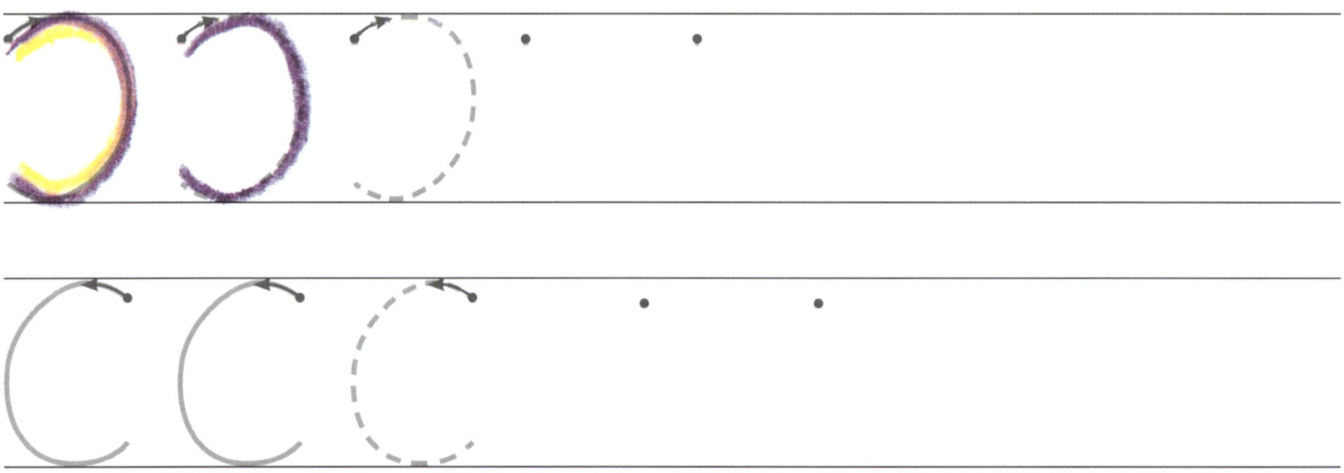

→ Schülerbuch, Seiten 20, 21

Fischschuppen und Bogenform mit Wachsmalstiften oder weichen Buntstiften in verschiedenen Farben zeichnen und nachspuren.

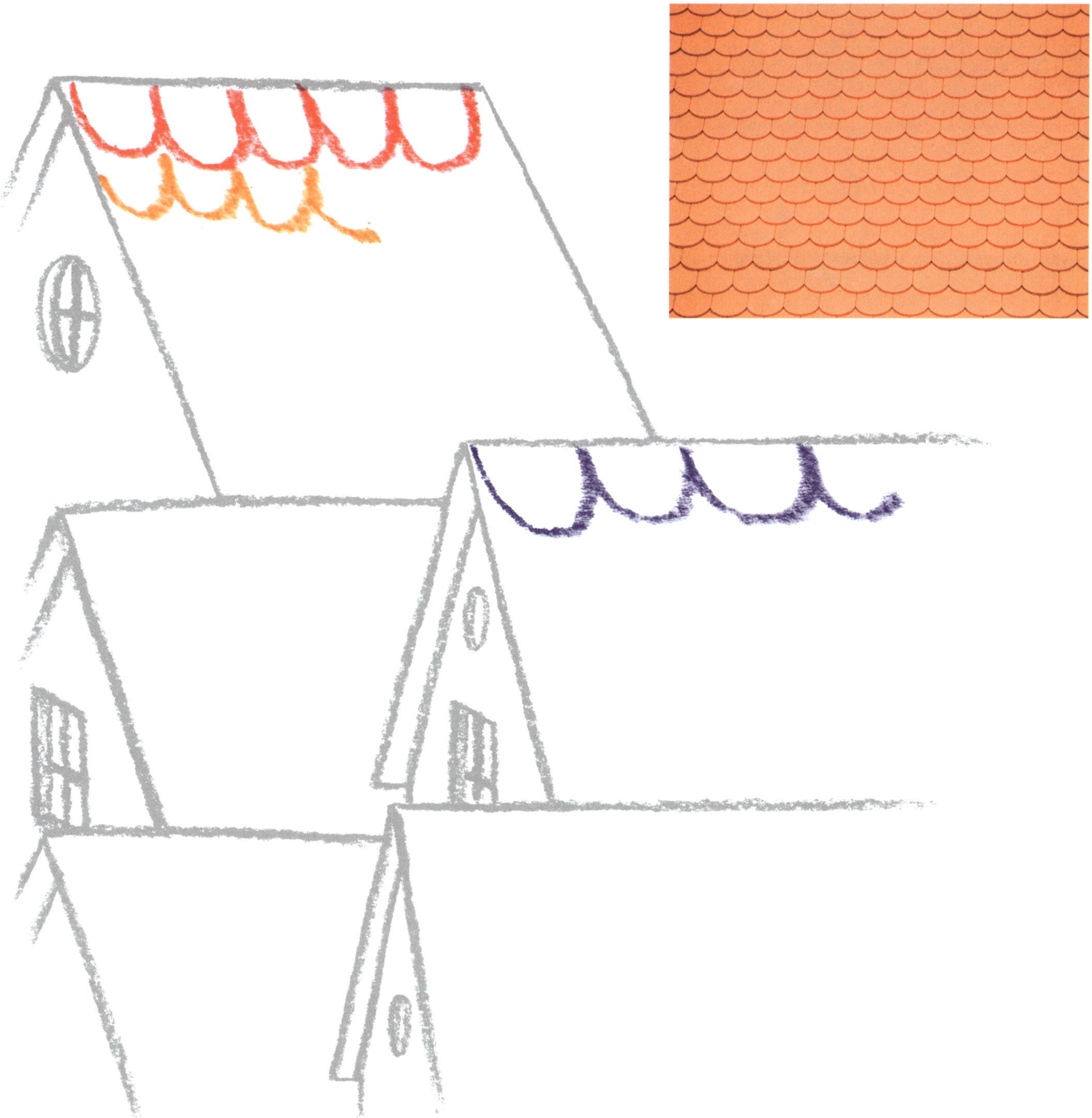

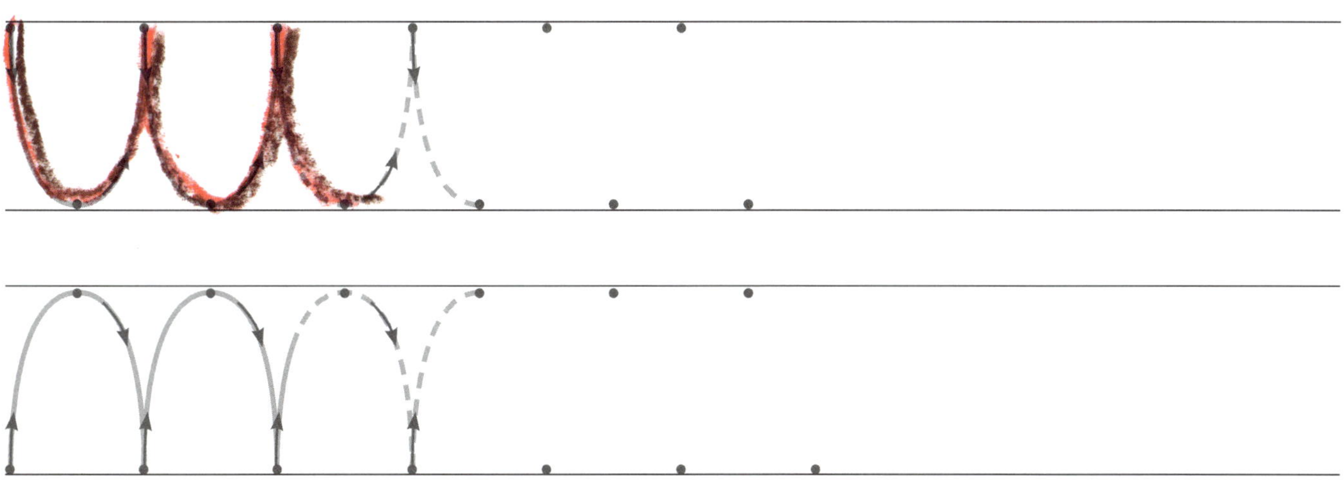

→ Schülerbuch, Seiten 20, 21
Dachziegel mit Wachsmalstiften oder weichen Buntstiften in verschiedenen Farben zeichnen und nachspuren.

Zickzackform zeichnen

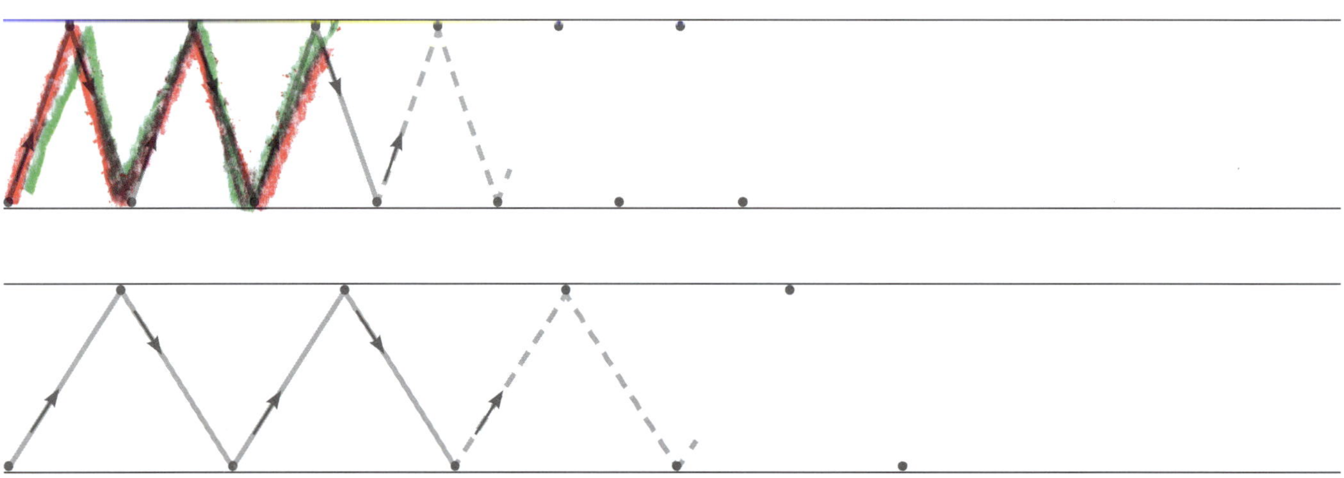

→ Schülerbuch, Seiten 22, 23

Wald und Zickzackform mit Wachsmalstiften oder weichen Buntstiften in verschiedenen Farben zeichnen und nachspuren.

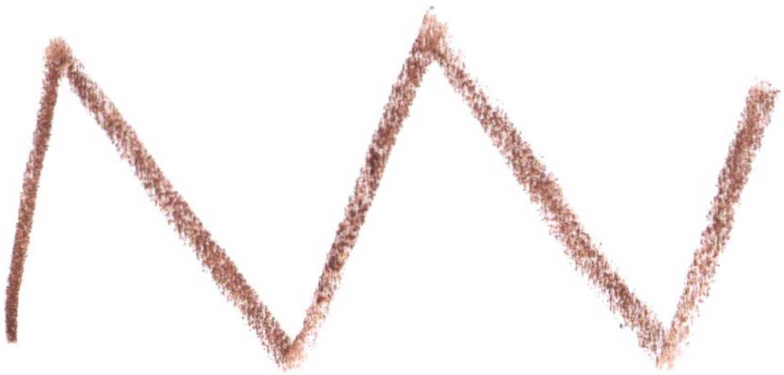

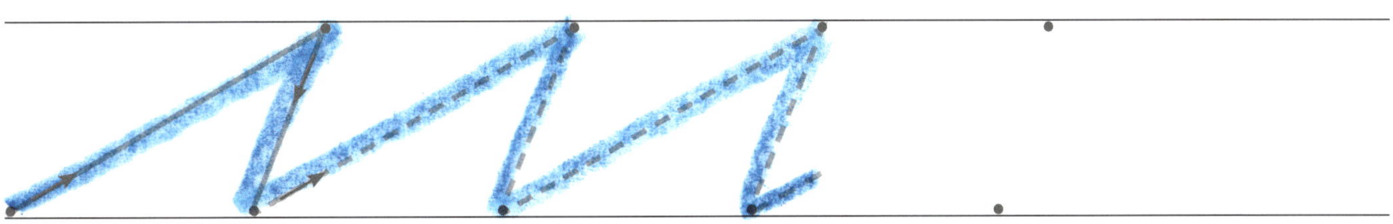

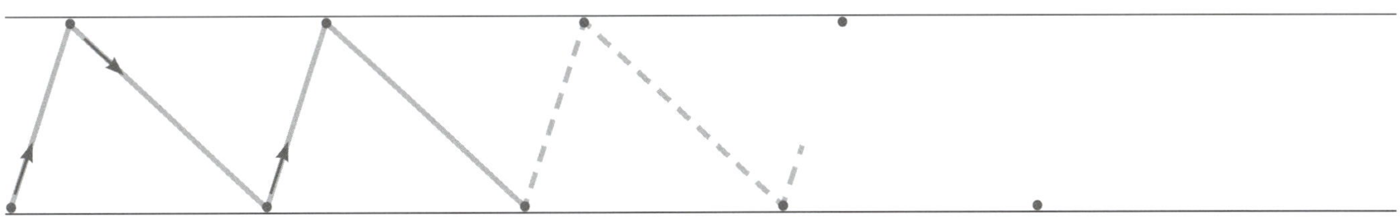

→ Schülerbuch, Seiten 22, 23
Zickzackform mit Wachsmalstiften oder weichen Buntstiften in verschiedenen Farben zeichnen und nachspuren.

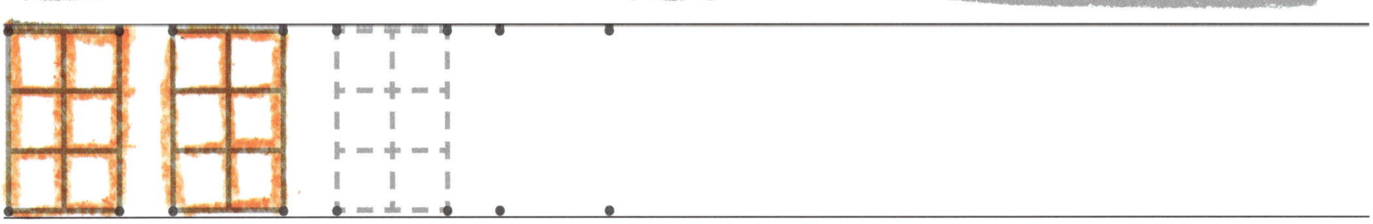

→ Schülerbuch, Seiten 22, 23

Fenster mit Wachsmalstiften oder weichen Buntstiften in verschiedenen Farben nachspuren und einzeichnen.

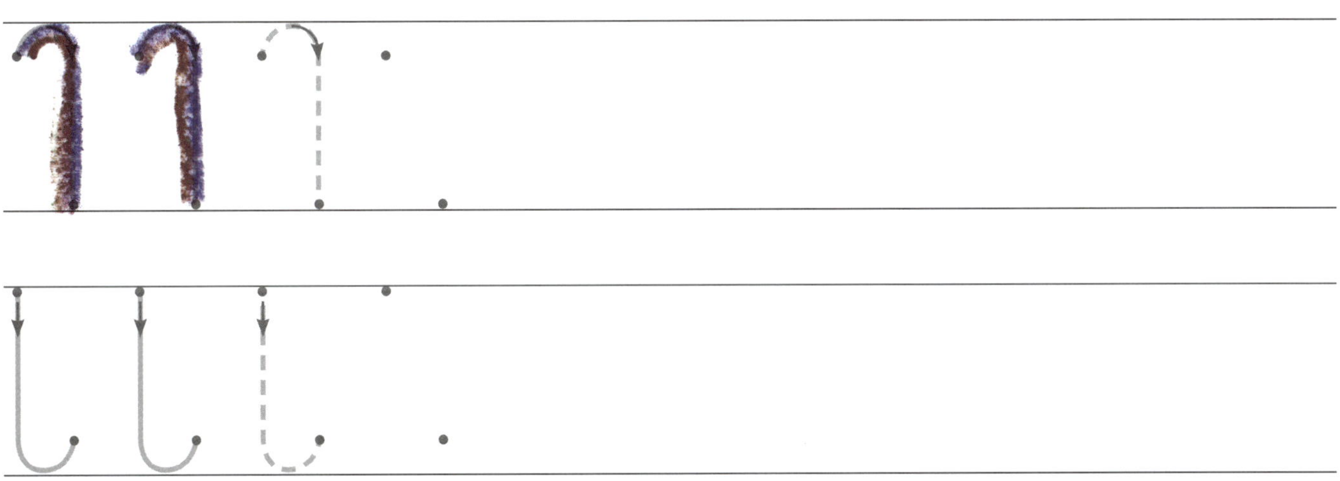

→ Schülerbuch, Seiten 24, 25
Stockform mit Wachsmalstiften oder weichen Buntstiften in verschiedenen Farben zeichnen und nachspuren.

Herzform zeichnen

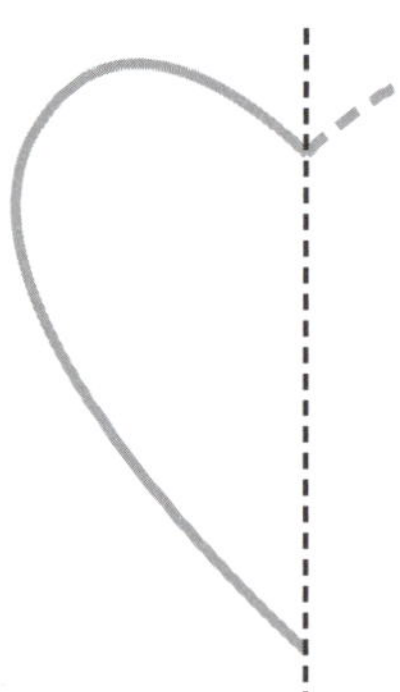

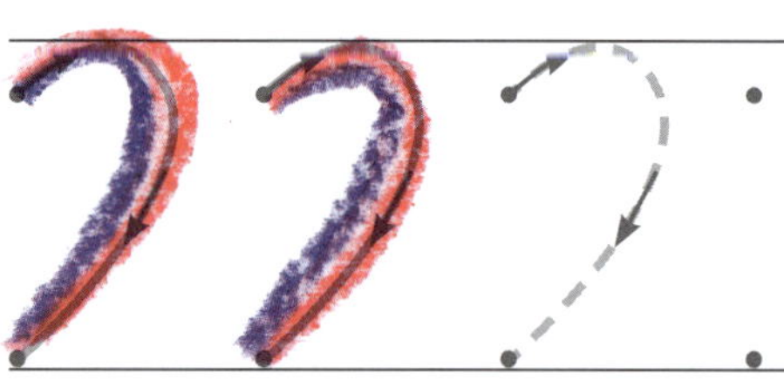

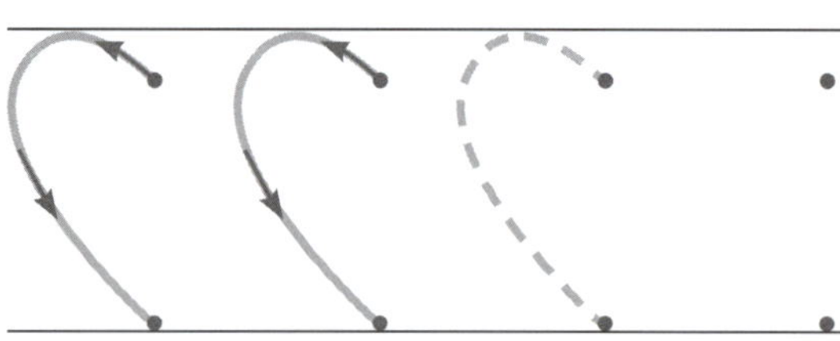

→ Schülerbuch, Seiten 24, 25
Herz mit Wachsmalstiften oder Buntstiften in verschiedenen Farben üben. Die halben Herzen zeichnen und mehrfach nachspuren.

Schneckenform zeichnen

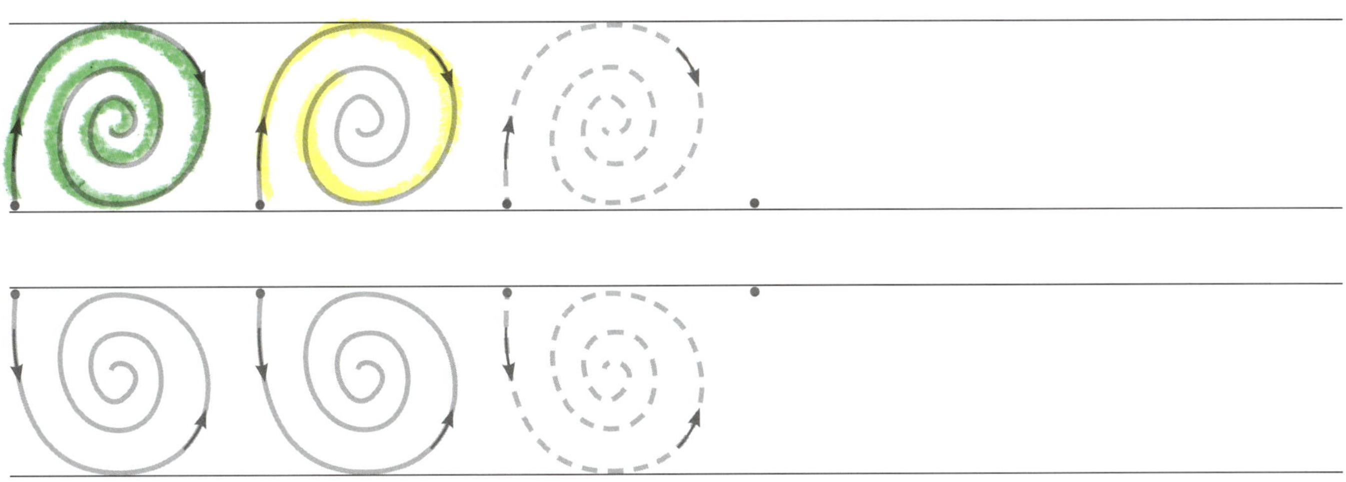

→ Schülerbuch, Seiten 24, 25

Schnecken mit Wachsmalstiften oder weichen Buntstiften in verschiedenen Farben zeichnen und nachspuren.

Zahlbilder zur 1

→ Schülerbuch, Seite 26

Bilder zur Zahl 1 nachmalen, eigene Bilder zur 1 malen oder aus Zeitschriften ausschneiden und einkleben. Die große Ziffer in der Mitte mehrfach mit Buntstiften nachspuren, die anderen Ziffern nachzeichnen, in die Kästchen an den Rändern die Ziffer 1 mit Bleistift schreiben.

Zahlbilder zur 2

→ Schülerbuch, Seite 26
Bilder zur Zahl 2 nachmalen, eigene Bilder zur 2 malen oder aus Zeitschriften ausschneiden und einkleben. Die große Ziffer in der Mitte mehrfach mit Buntstiften nachspuren, die anderen Ziffern nachzeichnen, in die Kästchen an den Rändern die Ziffer 2 mit Bleistift schreiben.

Schreibübungen 1, 2

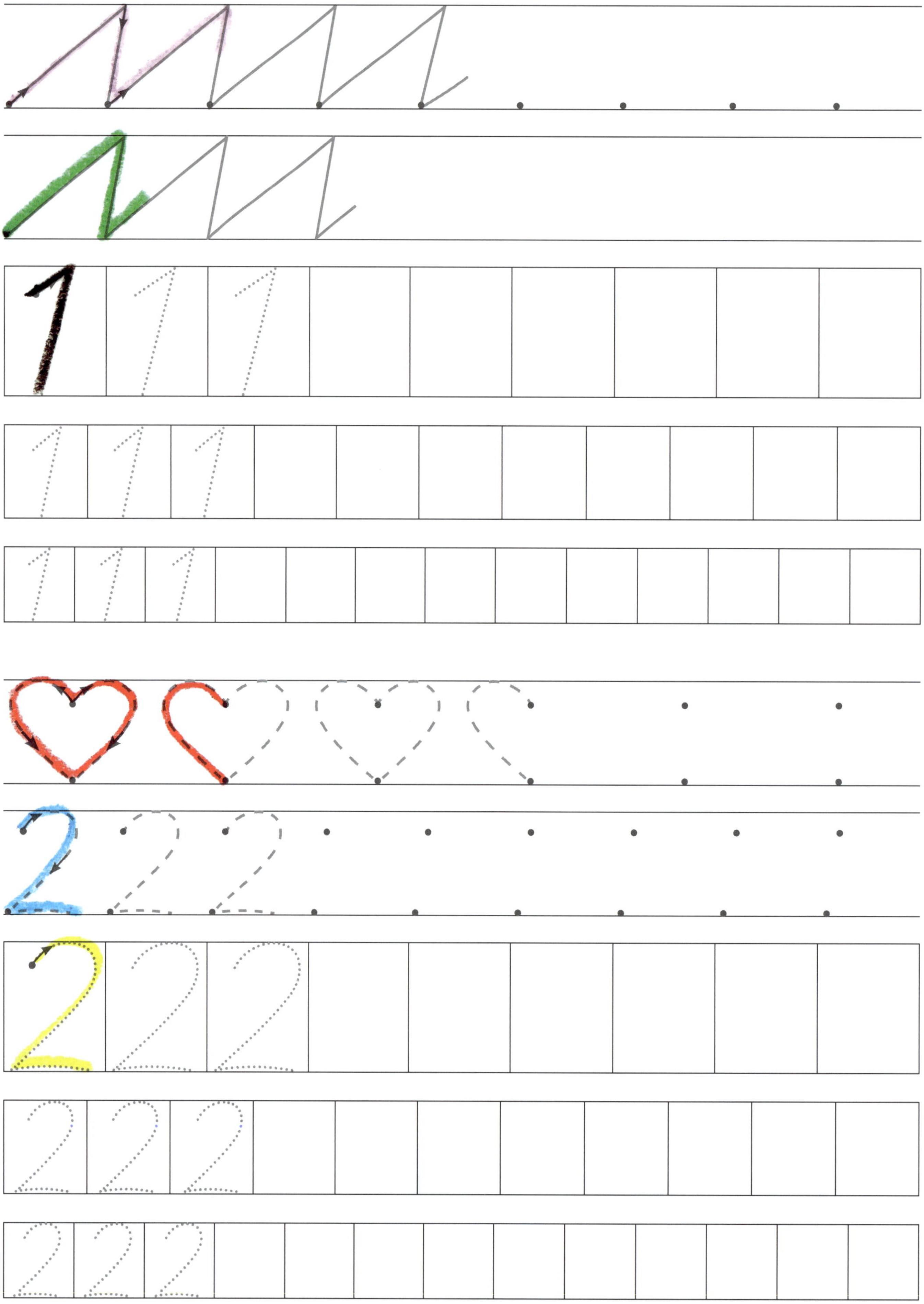

→ Schülerbuch, Seite 26

Schwungübungen mit Buntstiften nachspuren und fortsetzen. Ziffer 1 und 2 in die Kästchen schreiben.

3

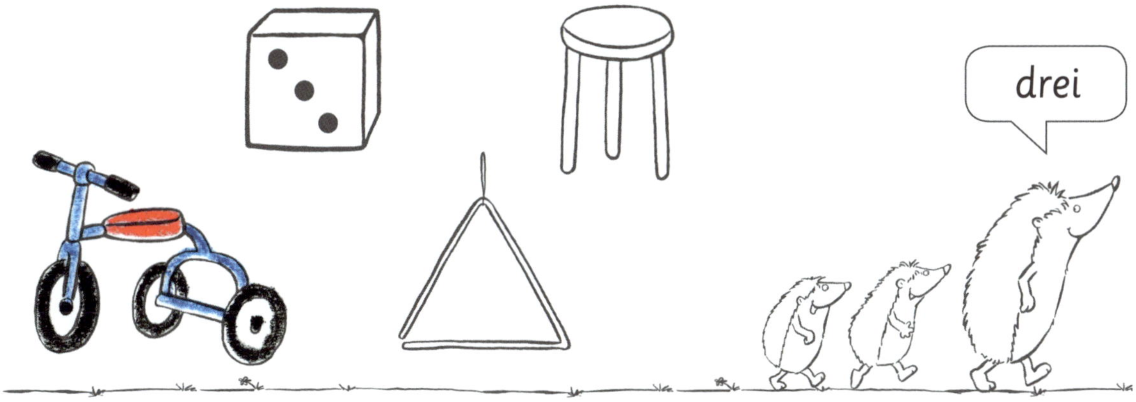

→ Schülerbuch, Seite 27
Bilder zur Zahl 3 nachmalen, eigene Bilder zur 3 malen oder aus Zeitschriften ausschneiden und einkleben. Die große Ziffer in der Mitte mehrfach mit Buntstiften nachspuren, die anderen Ziffern nachzeichnen, in die Kästchen an den Rändern die Ziffer 3 mit Bleistift schreiben.

Zahlbilder zur 4

4

→ Schülerbuch, Seite 27

Bilder zur Zahl 4 nachmalen, eigene Bilder zur 4 malen oder aus Zeitschriften ausschneiden und einkleben. Die große Ziffer in der Mitte mehrfach mit Buntstiften nachspuren, die anderen Ziffern nachzeichnen, in die Kästchen an den Rändern die Ziffer 4 mit Bleistift schreiben.

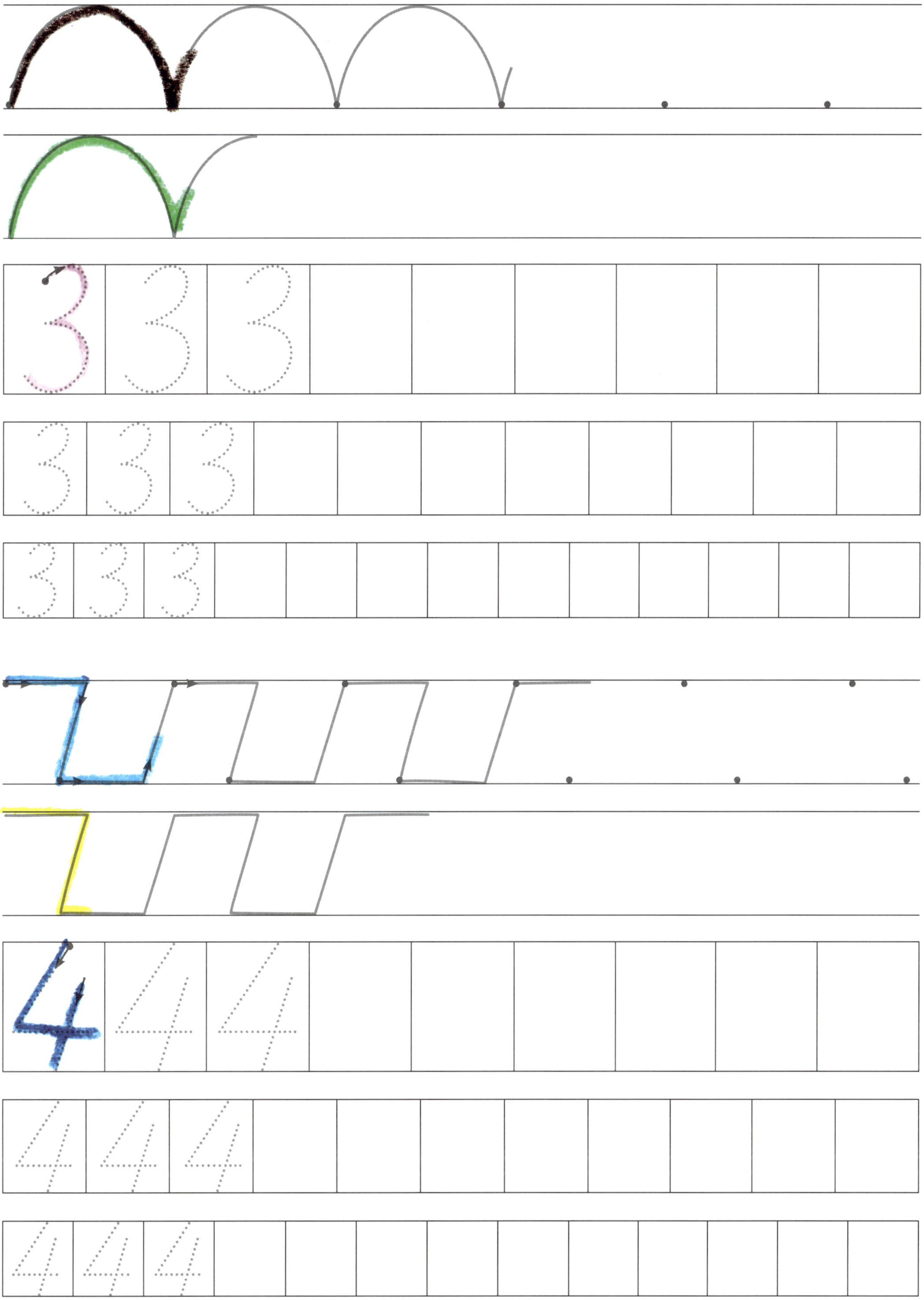

→ Schülerbuch, Seite 27

Schwungübungen mit Buntstiften nachspuren und fortsetzen. Ziffer 3 und 4 in die Kästchen schreiben.

Zahlbilder zur 5

→ Schülerbuch, Seite 28
Bilder zur Zahl 5 nachmalen, eigene Bilder zur 5 malen oder aus Zeitschriften ausschneiden und einkleben. Die große Ziffer in der Mitte mehrfach mit Buntstiften nachspuren, die anderen Ziffern nachzeichnen, in die Kästchen an den Rändern die Ziffer 5 mit Bleistift schreiben.

→ Schülerbuch, Seite 28

Bilder zur Zahl 6 nachmalen, eigene Bilder zur 6 malen oder aus Zeitschriften ausschneiden und einkleben. Die große Ziffer in der Mitte mehrfach mit Buntstiften nachspuren, die anderen Ziffern nachzeichnen, in die Kästchen an den Rändern die Ziffer 6 mit Bleistift schreiben.

Schreibübungen 5, 6

→ Schülerbuch, Seite 28

Schwungübungen mit Buntstiften nachspuren und fortsetzen. Ziffer 5 und 6 in die Kästchen schreiben.

4 ● 1 ● | 1 ● 4 ● | …… ● …… ● | …… ● …… ●

…… ● …… ● | …… ● …… ● | …… ● …… ● | …… ● …… ●

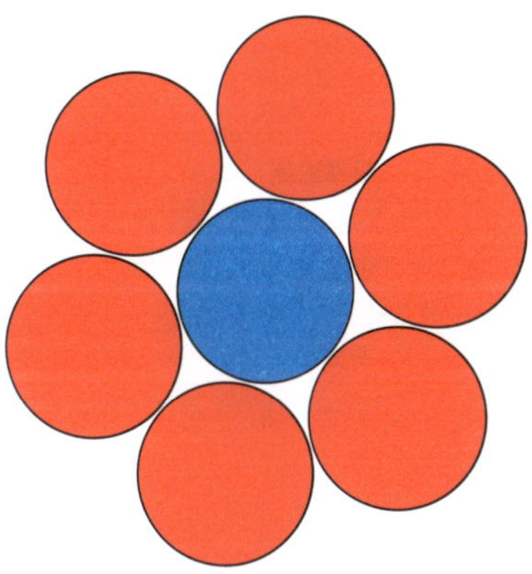 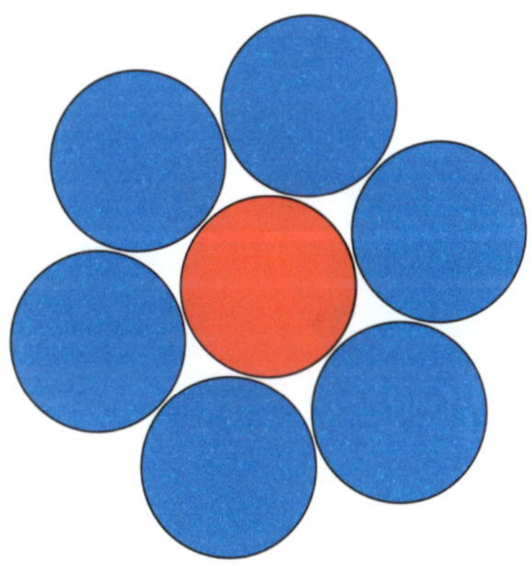 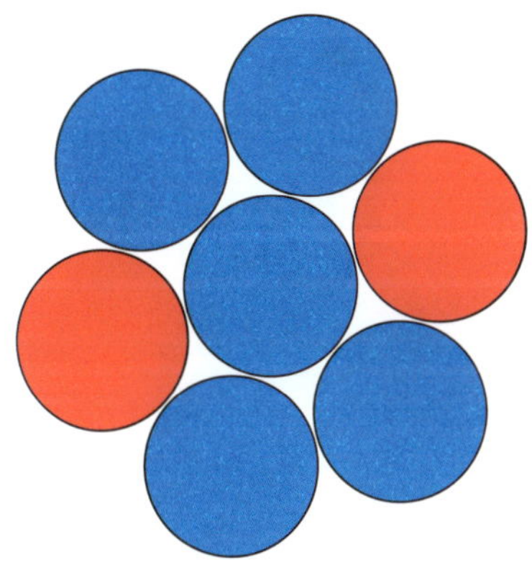

…… ● …… ● | …… ● …… ● | …… ● …… ●

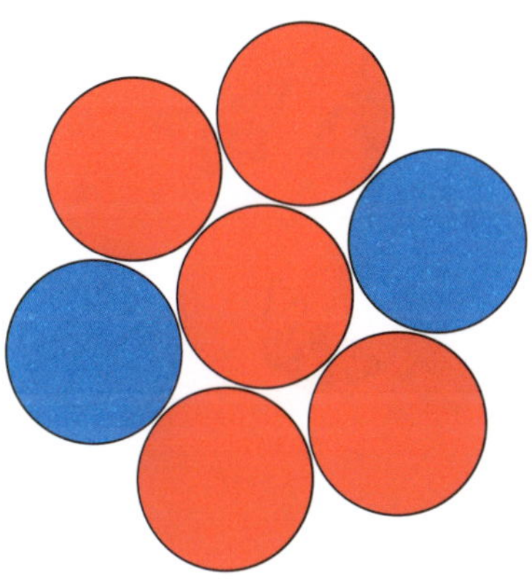 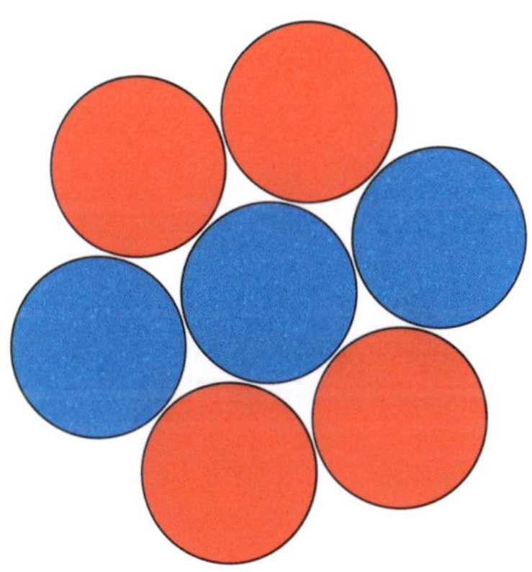 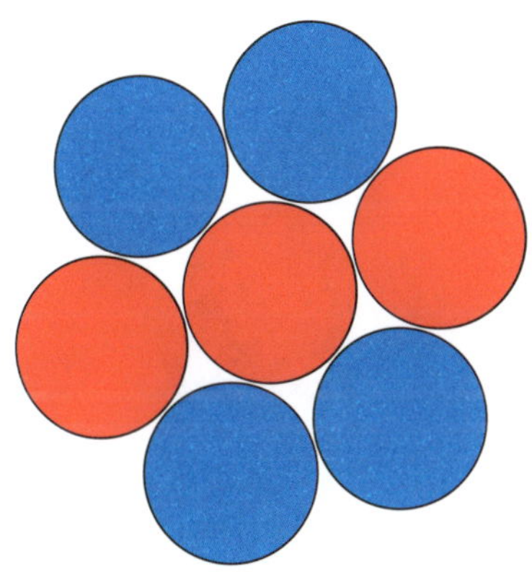

…… ● …… ● | …… ● …… ● | …… ● …… ●

→ Schülerbuch, Seite 28
Die verschiedenen Blumen mit blauen und roten Plättchen nachlegen. Passende Anzahlen von 1 bis 6 bestimmen und eintragen.

Wie viele?

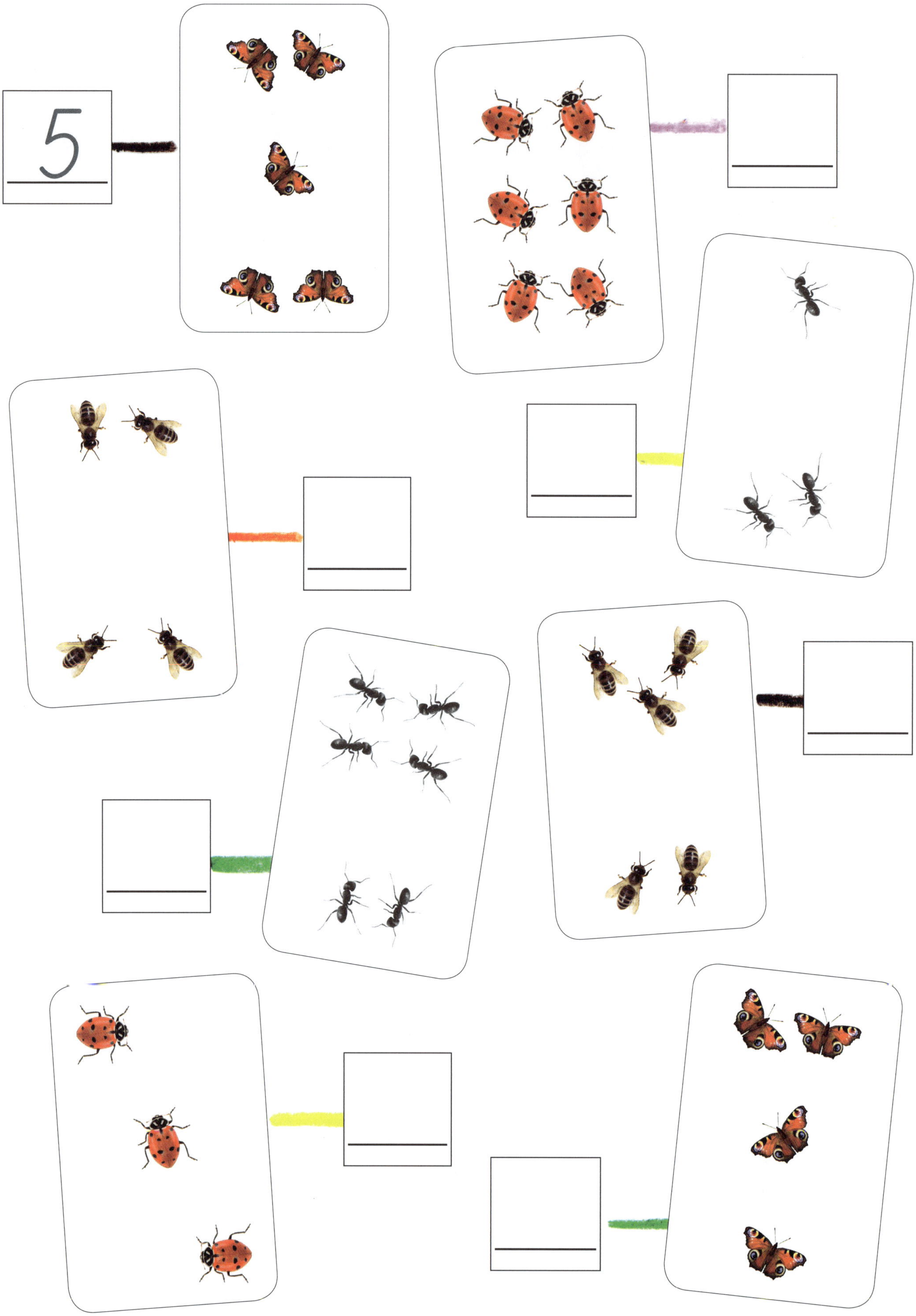

→ Schülerbuch, Seite 29
Passende Anzahlen von 1 bis 6 eintragen.

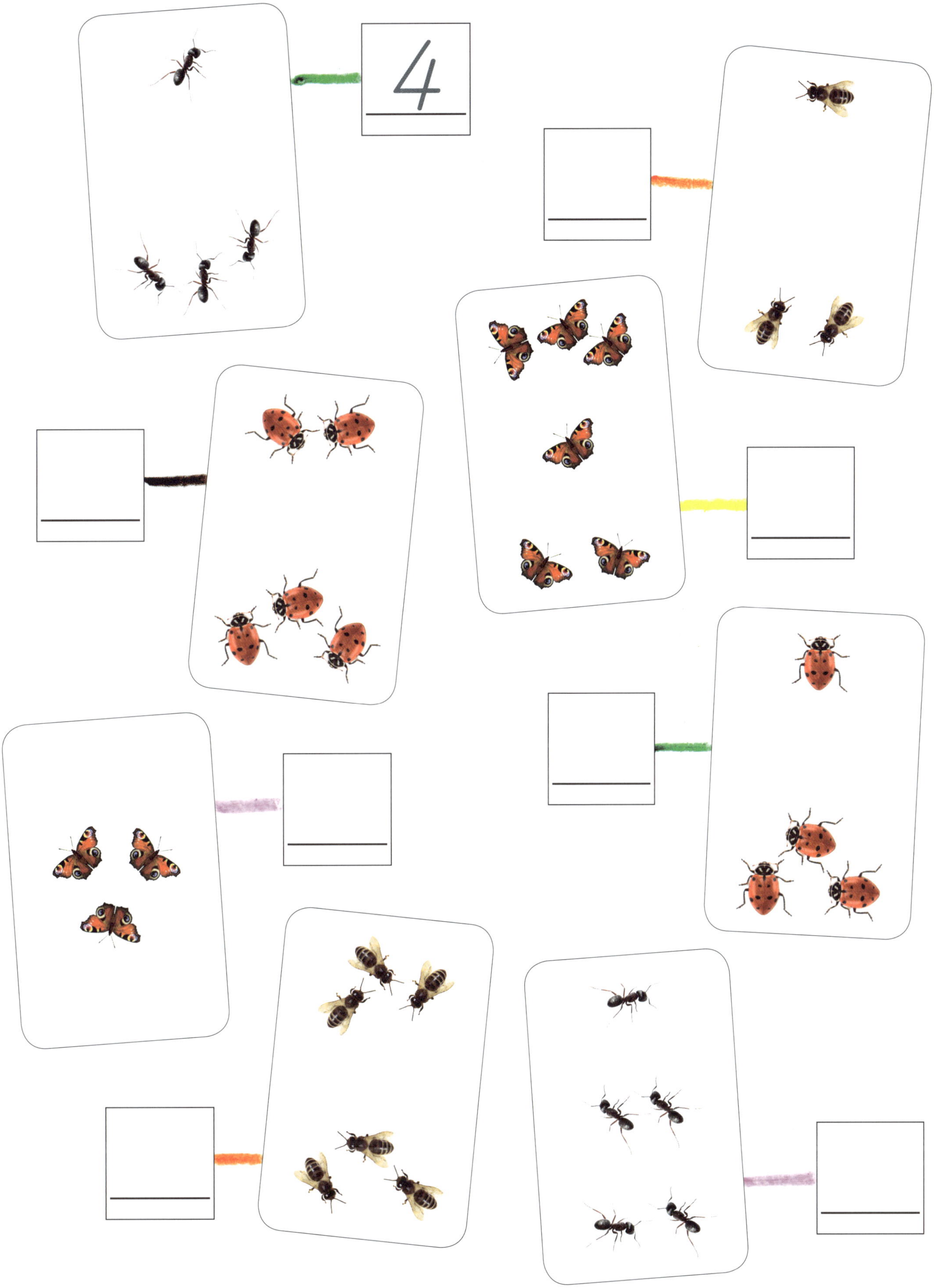

→ Schülerbuch, Seite 29
Passende Anzahlen von 1 bis 6 eintragen.

Zahlbilder zur 7

7

→ Schülerbuch, Seite 30

Bilder zur Zahl 7 nachmalen, eigene Bilder zur 7 malen oder aus Zeitschriften ausschneiden und einkleben. Die große Ziffer in der Mitte mehrfach mit Buntstiften nachspuren, die anderen Ziffern nachzeichnen, in die Kästchen an den Rändern die Ziffer 7 mit Bleistift schreiben.

→ Schülerbuch, Seite 30

Bilder zur Zahl 8 nachmalen, eigene Bilder zur 8 malen oder aus Zeitschriften ausschneiden und einkleben. Die große Ziffer in der Mitte mehrfach mit Buntstiften nachspuren, die anderen Ziffern nachzeichnen, in die Kästchen an den Rändern die Ziffer 8 mit Bleistift schreiben.

Schreibübungen 7, 8

→ Schülerbuch, Seite 30

Schwungübungen mit Buntstiften nachspuren und fortsetzen. Ziffer 7 und 8 in die Kästchen schreiben.

→ Schülerbuch, Seite 30
Bild zur Zahl 9 nachmalen, eigene Bilder zur 9 malen oder aus Zeitschriften ausschneiden und einkleben. Die große Ziffer in der Mitte mehrfach mit Buntstiften nachspuren, die anderen Ziffern nachzeichnen, in die Kästchen an den Rändern die Ziffer 9 mit Bleistift schreiben.

Zahlbilder zur 0 und 10

0

null

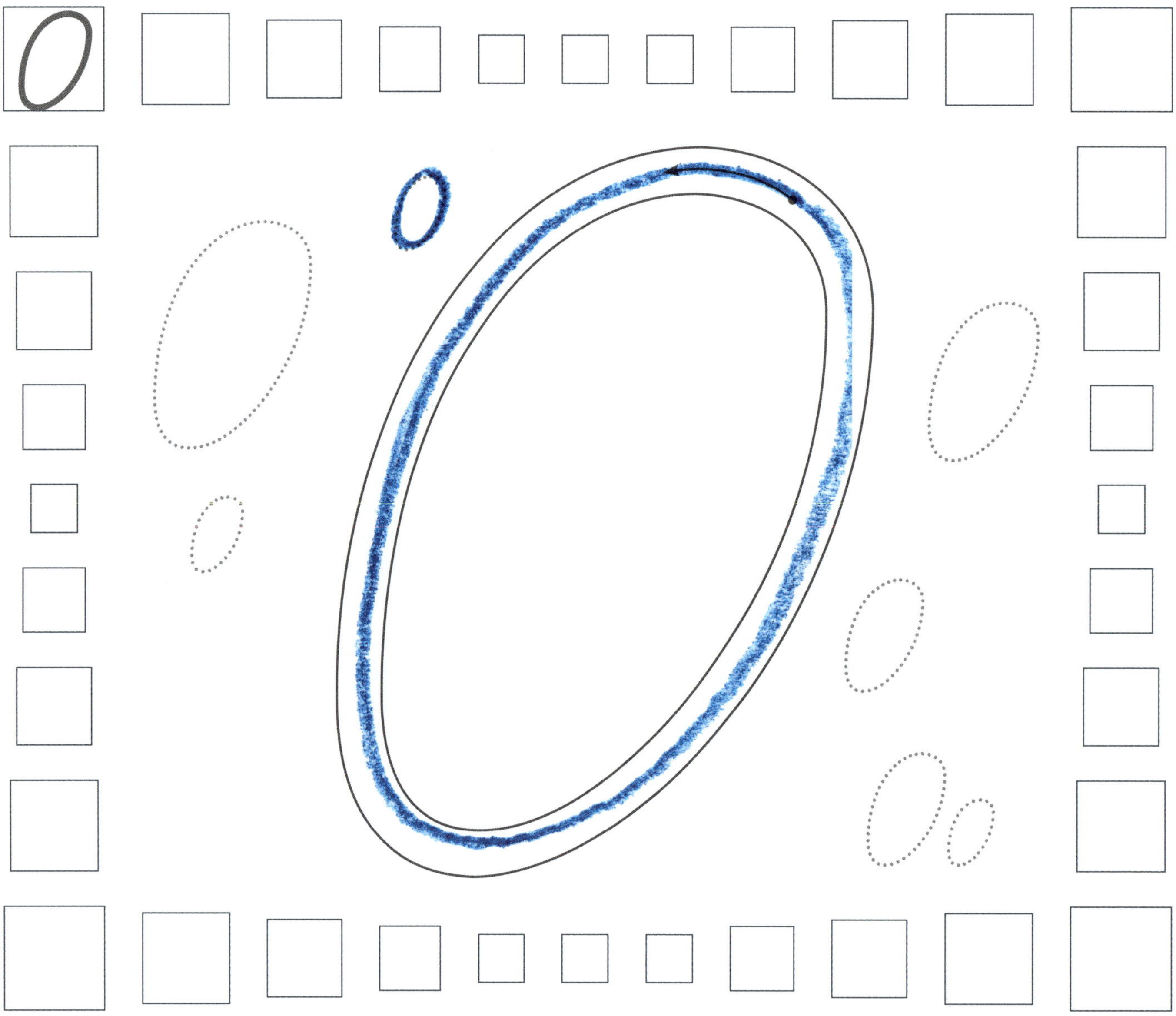

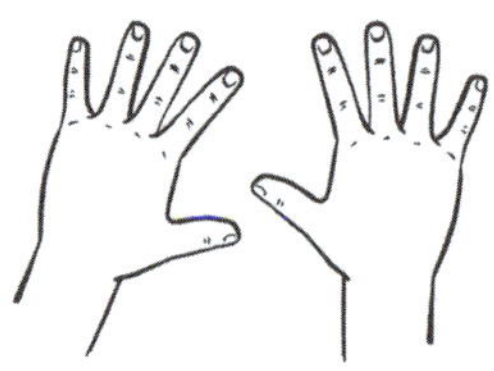

10

zehn

→ Schülerbuch, Seite 31

Wer findet ein Bild zur Zahl 0? Bilder zur Zahl 10 nachmalen, eigene Bilder zur 10 malen oder aus Zeitschriften ausschneiden. Die große Ziffer mehrfach mit Buntstiften nachspuren, die anderen Ziffern nachzeichnen, in die Kästchen an den Rändern die Ziffer 0 schreiben.

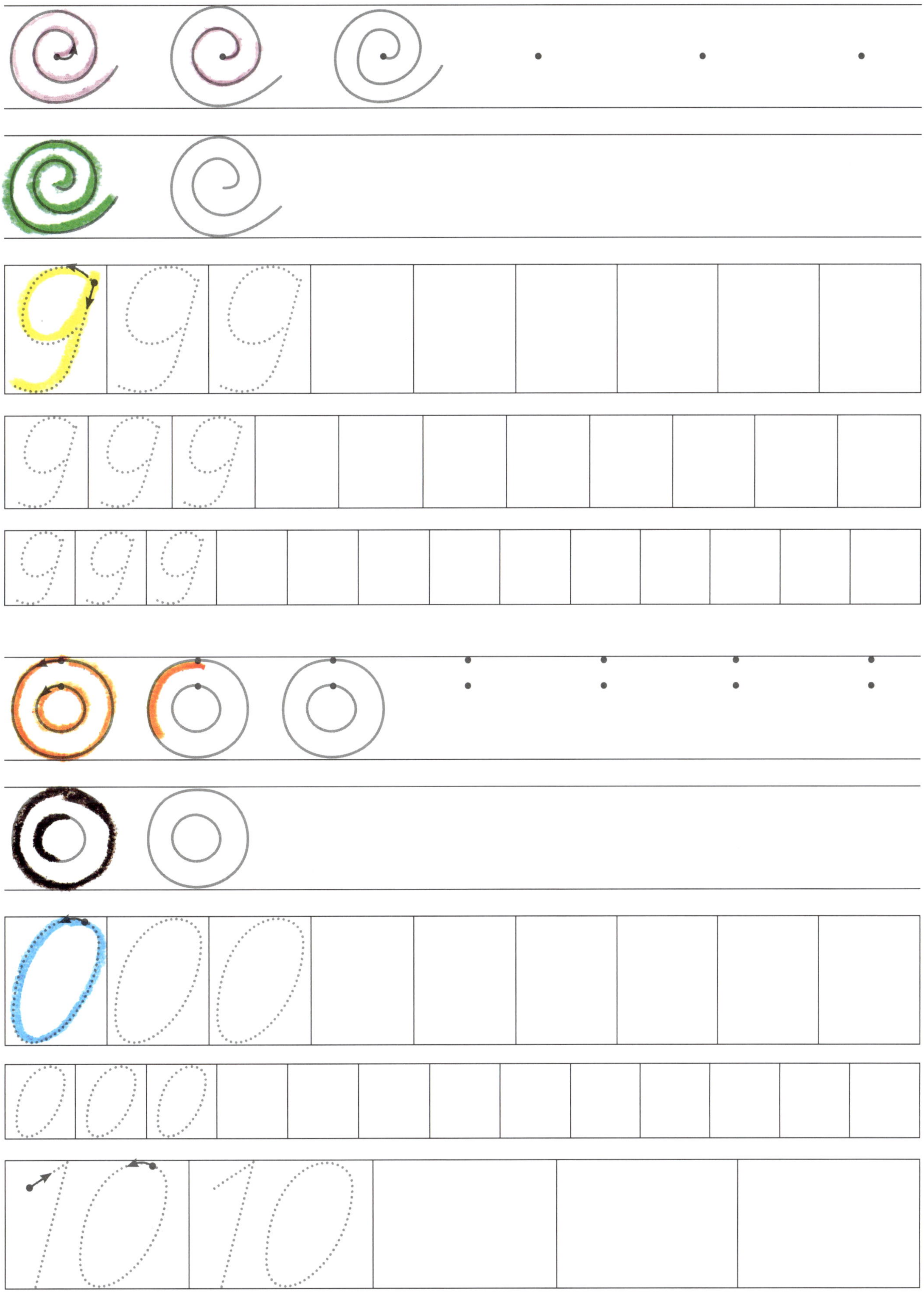

→ Schülerbuch, Seite 31

Schwungübungen mit Buntstiften nachspuren und fortsetzen. Ziffern 9 und 0 und Zahl 10 schreiben.

Wie viele?

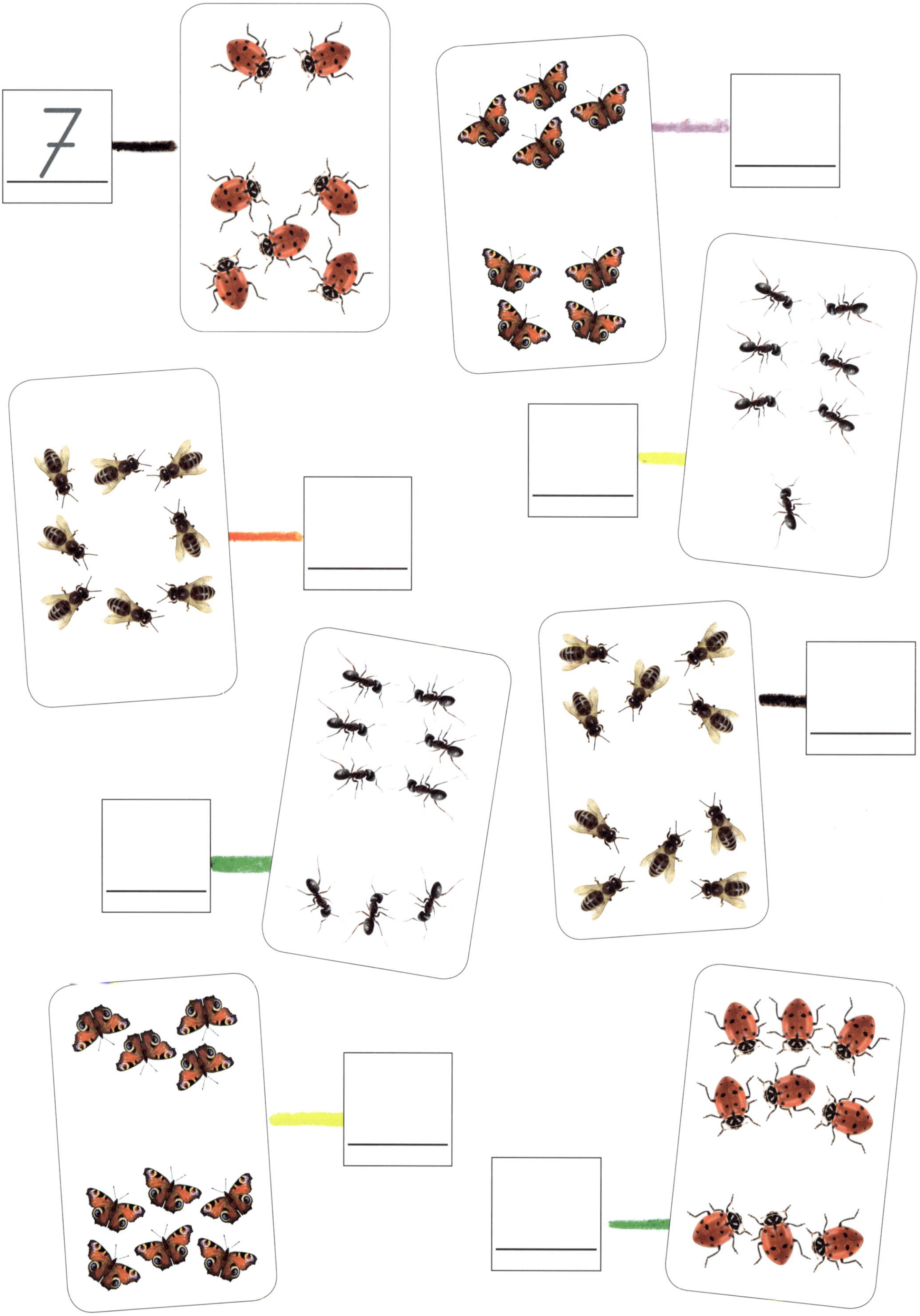

→ Schülerbuch, Seiten 32, 33
Passende Anzahlen von 7 bis 10 eintragen.

9

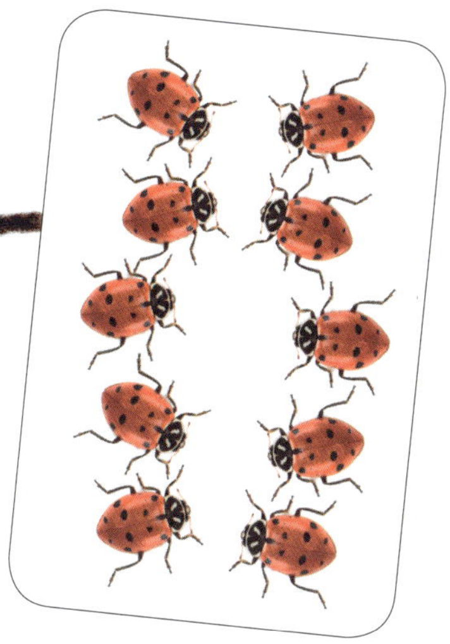

→ Schülerbuch, Seiten 32, 33
Passende Anzahlen von 7 bis 10 eintragen.

Zahlenreihe

1 2 3 4 5 6 7 8 9 10

1 2 3 ...... 5 ...... 7 ...... 9 ......

...... 2 ...... 4 ...... 6 ...... 8 10

1 2 .... 5 6 .... 9 10

.... 5 6 10

.... 5 10

1 ...... 3 ...... 5 6 ...... 8 10

→ Schülerbuch, Seite 34

Fehlende Zahlen mit Bleistift in die Zahlenreihe eintragen.

1 2 3 4 5 6 7 8 9 10

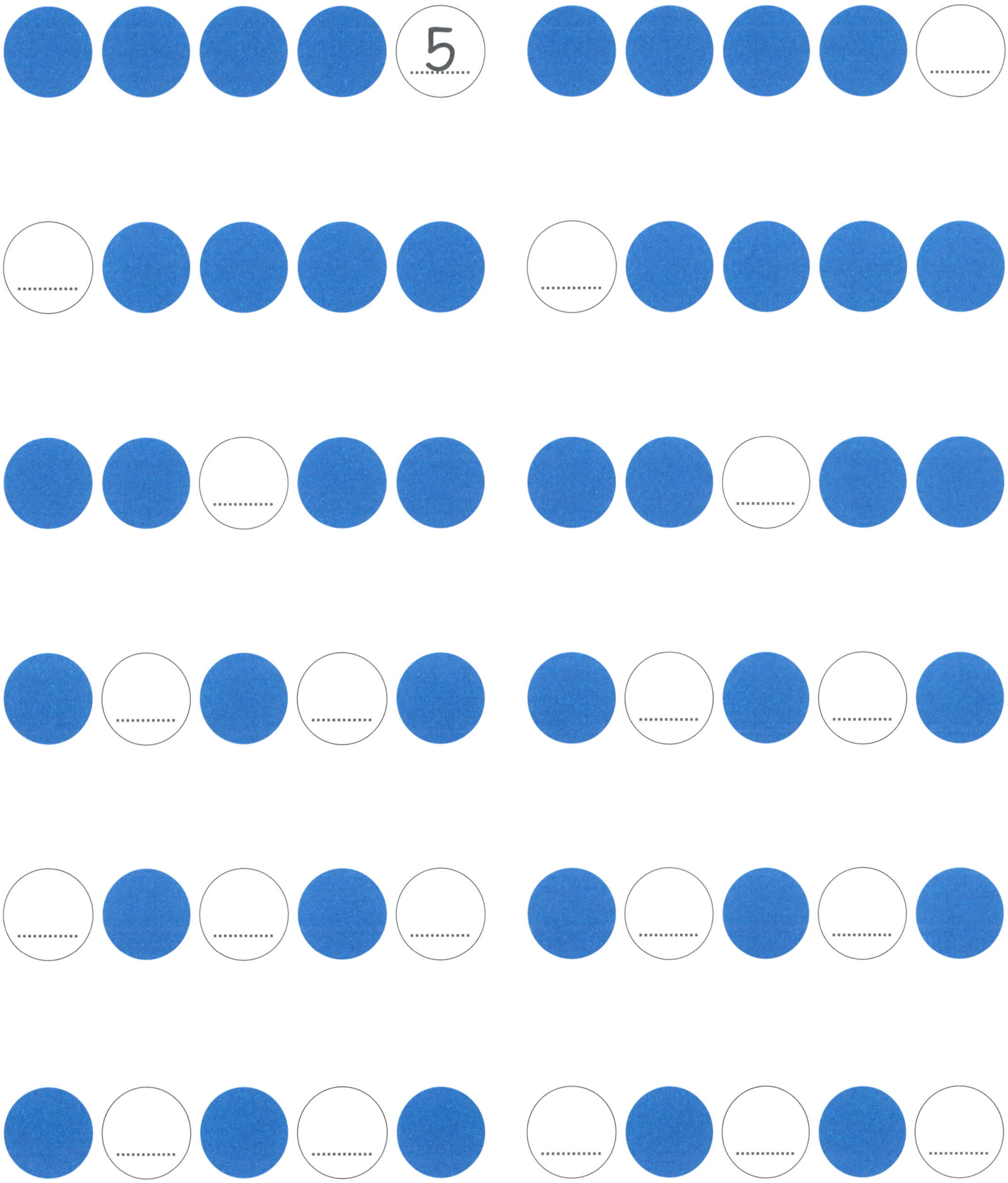

→ Schülerbuch, Seite 35
Nicht verdeckte Zahlen mit Bleistift in die Zahlenreihe eintragen.

Plättchen im Zehnerfeld

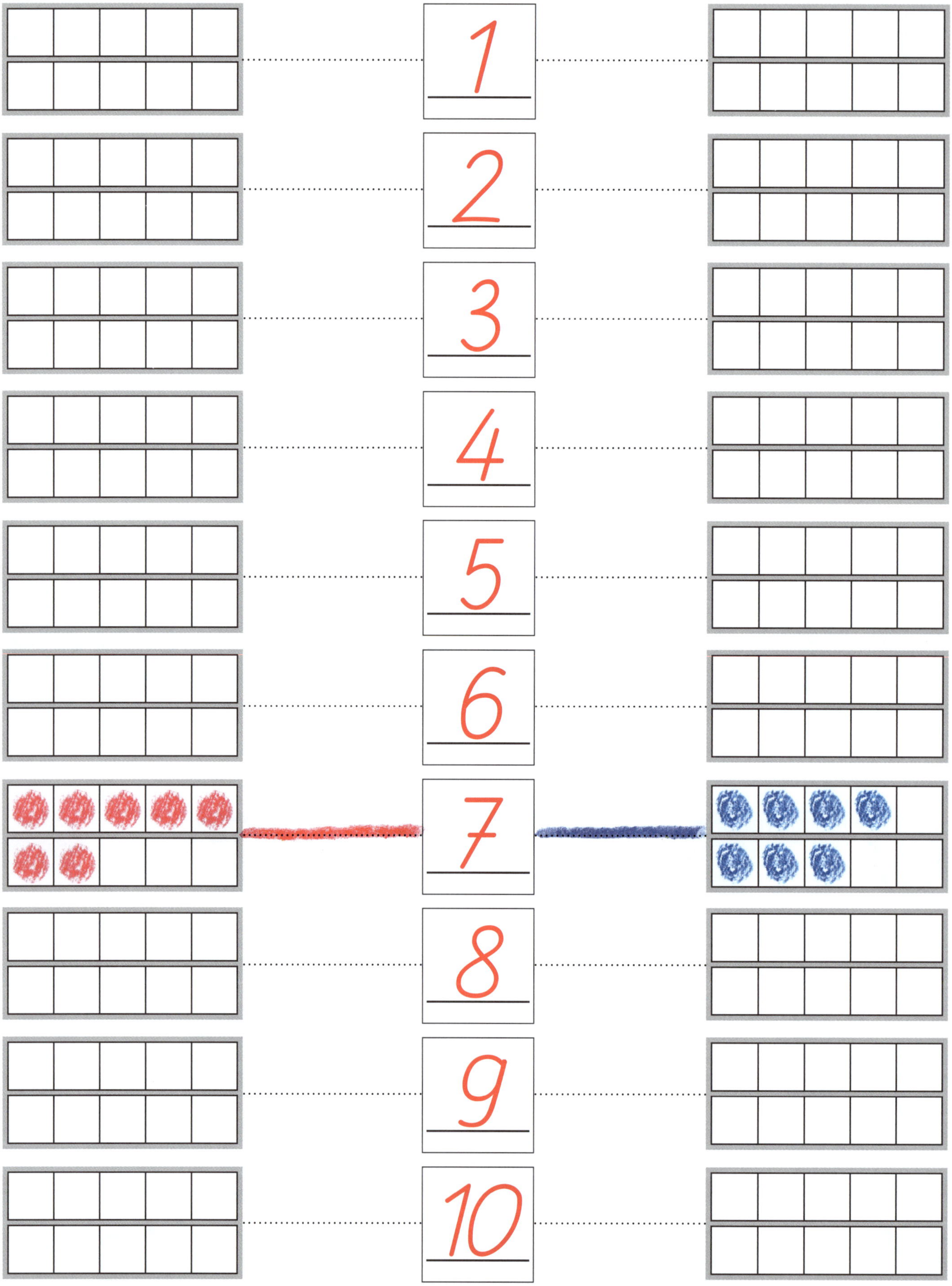

→ Schülerbuch, Seite 36

Im Zehnerfeld die entsprechende Anzahl von Plättchen malen. Dabei rote und blaue Buntstifte verwenden.

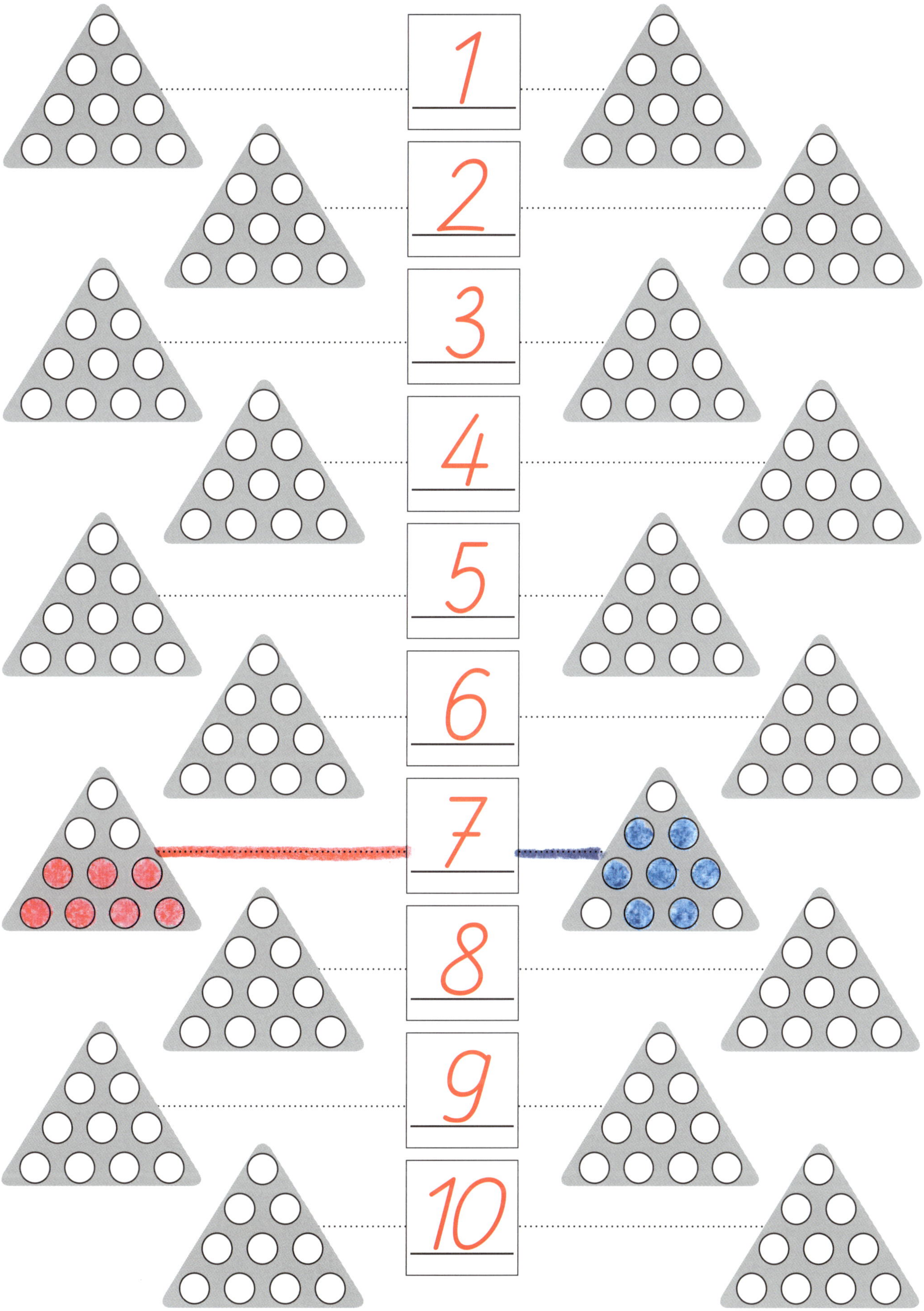

→ Schülerbuch, Seite 36
Im Zehnerdreieck die entsprechende Anzahl von Plättchen anmalen. Dabei rote und blaue Buntstifte verwenden.

Zahlen im Zehnerfeld

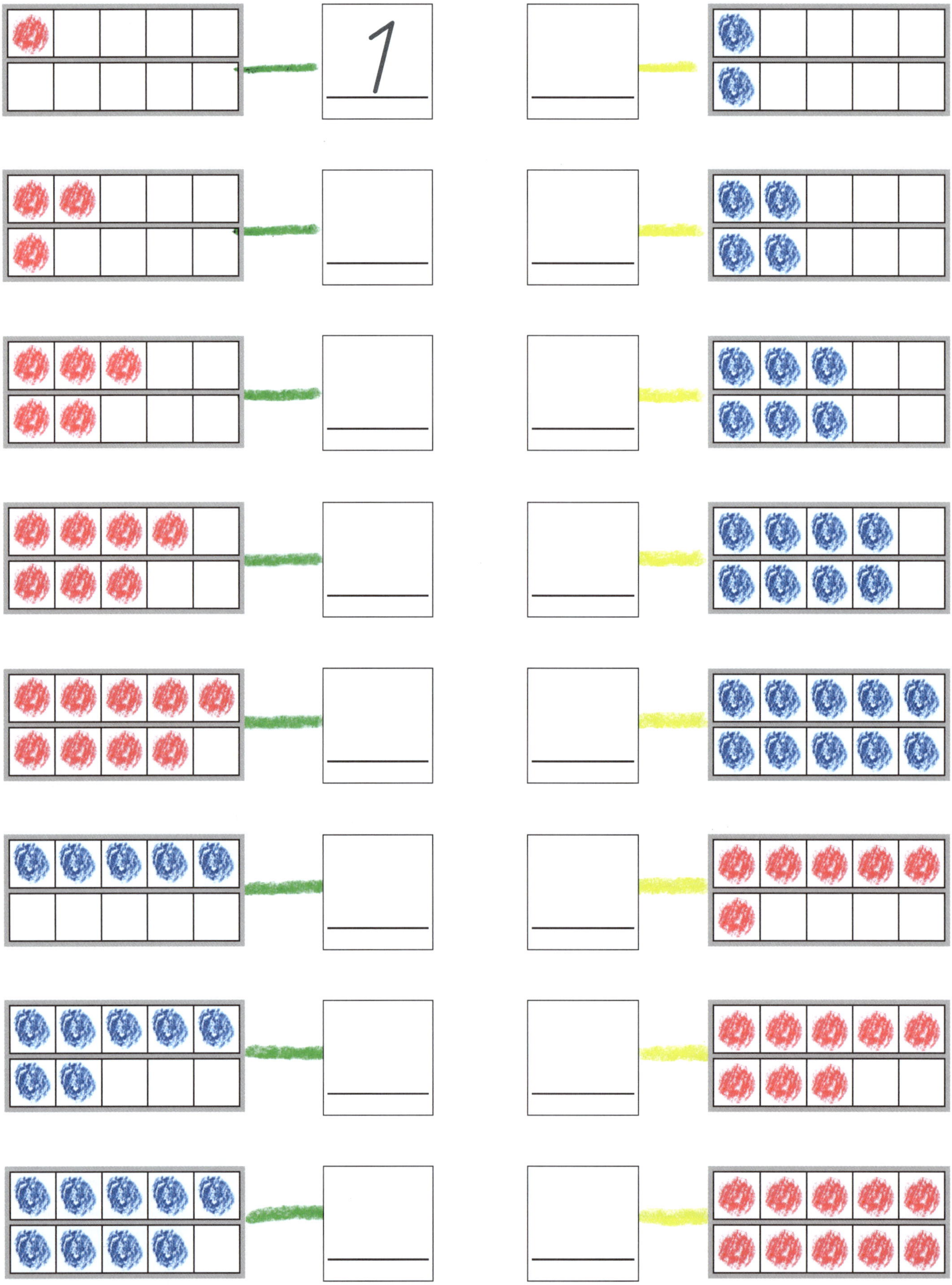

→ Schülerbuch, Seite 37

Die Zahlen von 1 bis 10 passend zum Zehnerfeld eintragen.

→ Schülerbuch, Seite 37
Fingerdarstellungen der Zahlen von 1 bis 10 mit entsprechenden Zahlsymbolen verbinden.

Reihen fortsetzen

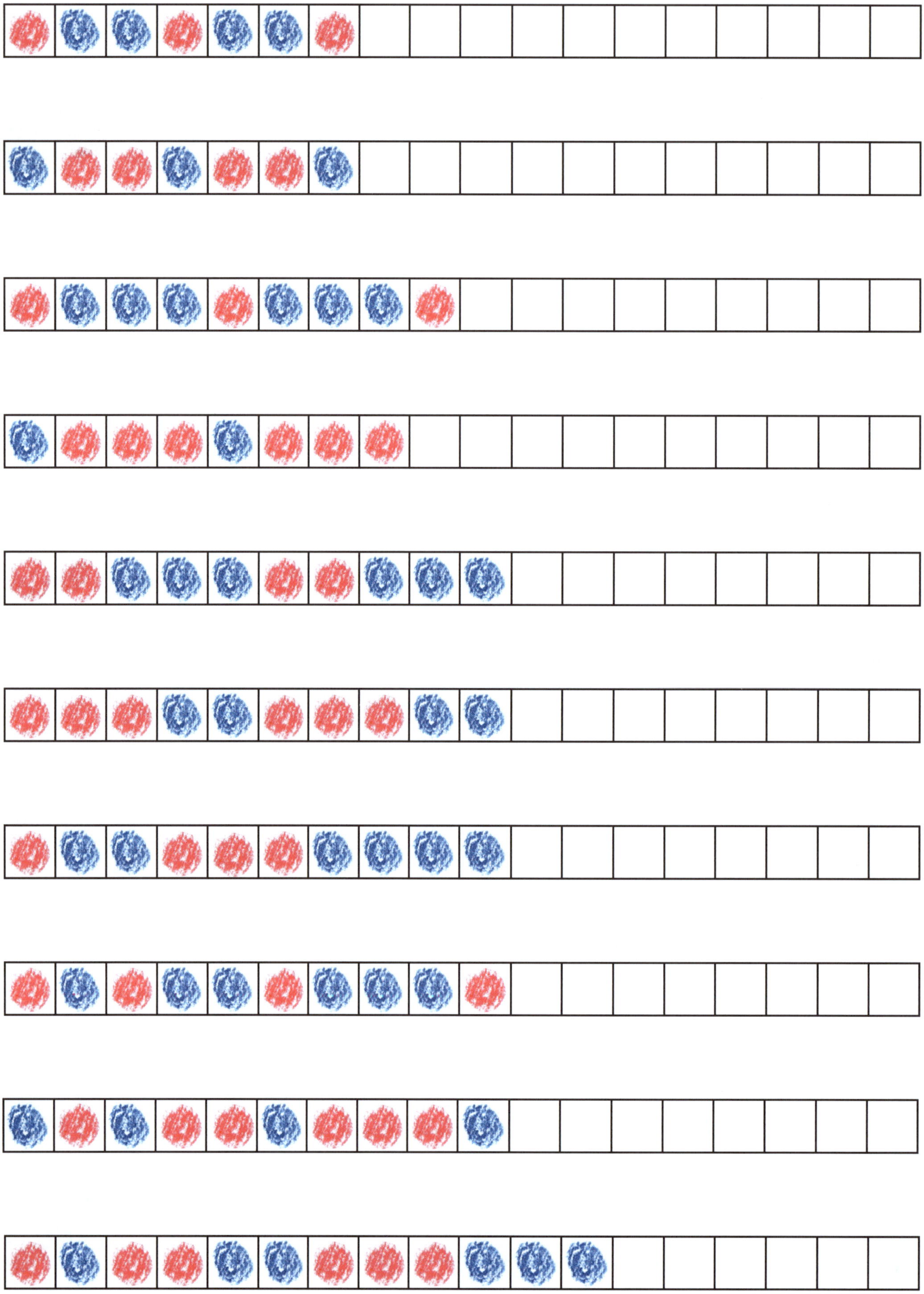

→ Schülerbuch, Seite 43

Mit Buntstiften in den Farben Rot und Blau die Muster fortsetzen.

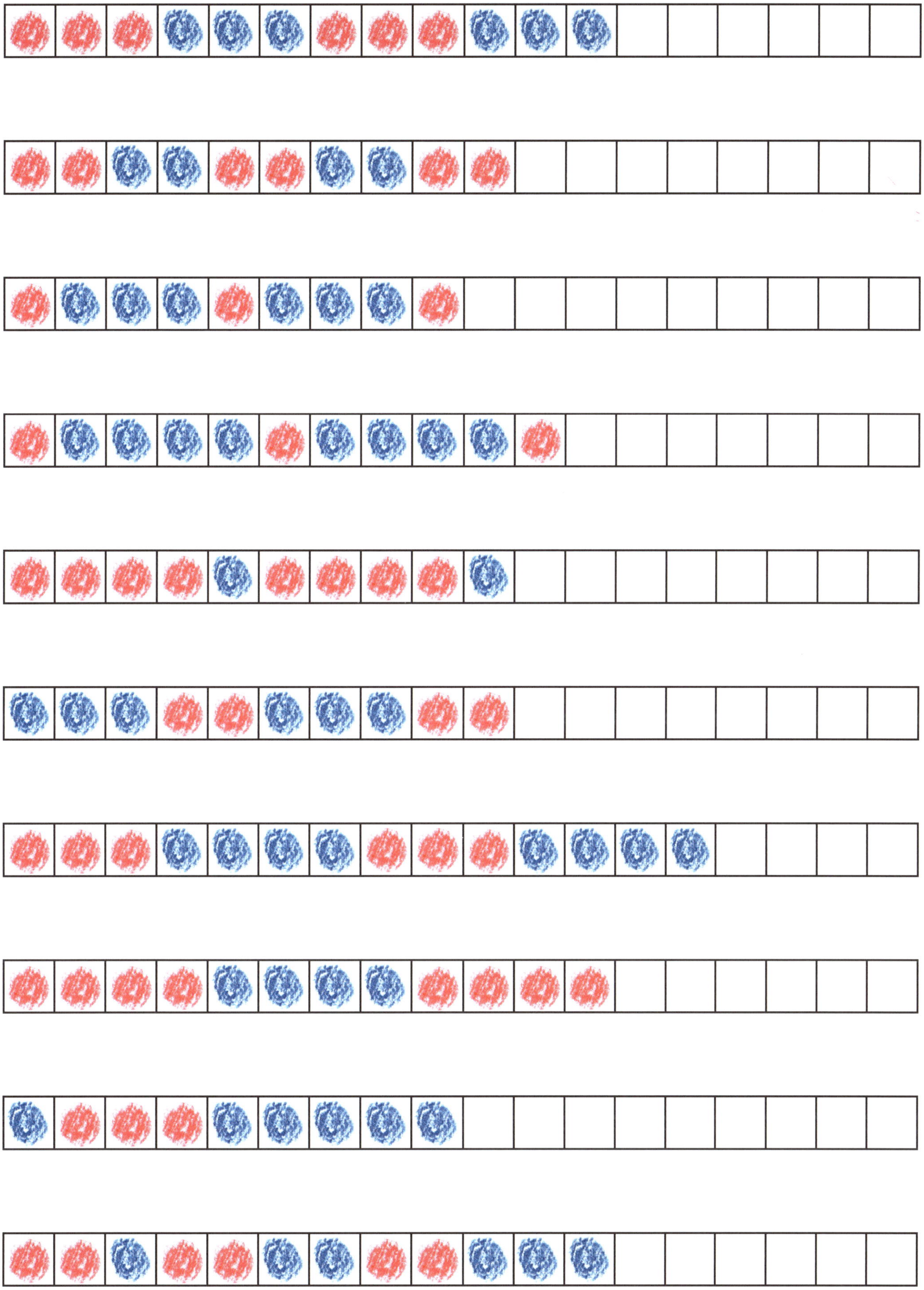

→ Schülerbuch, Seite 44
Mit Buntstiften in den Farben Rot und Blau die Muster fortsetzen.

Geometrische Muster

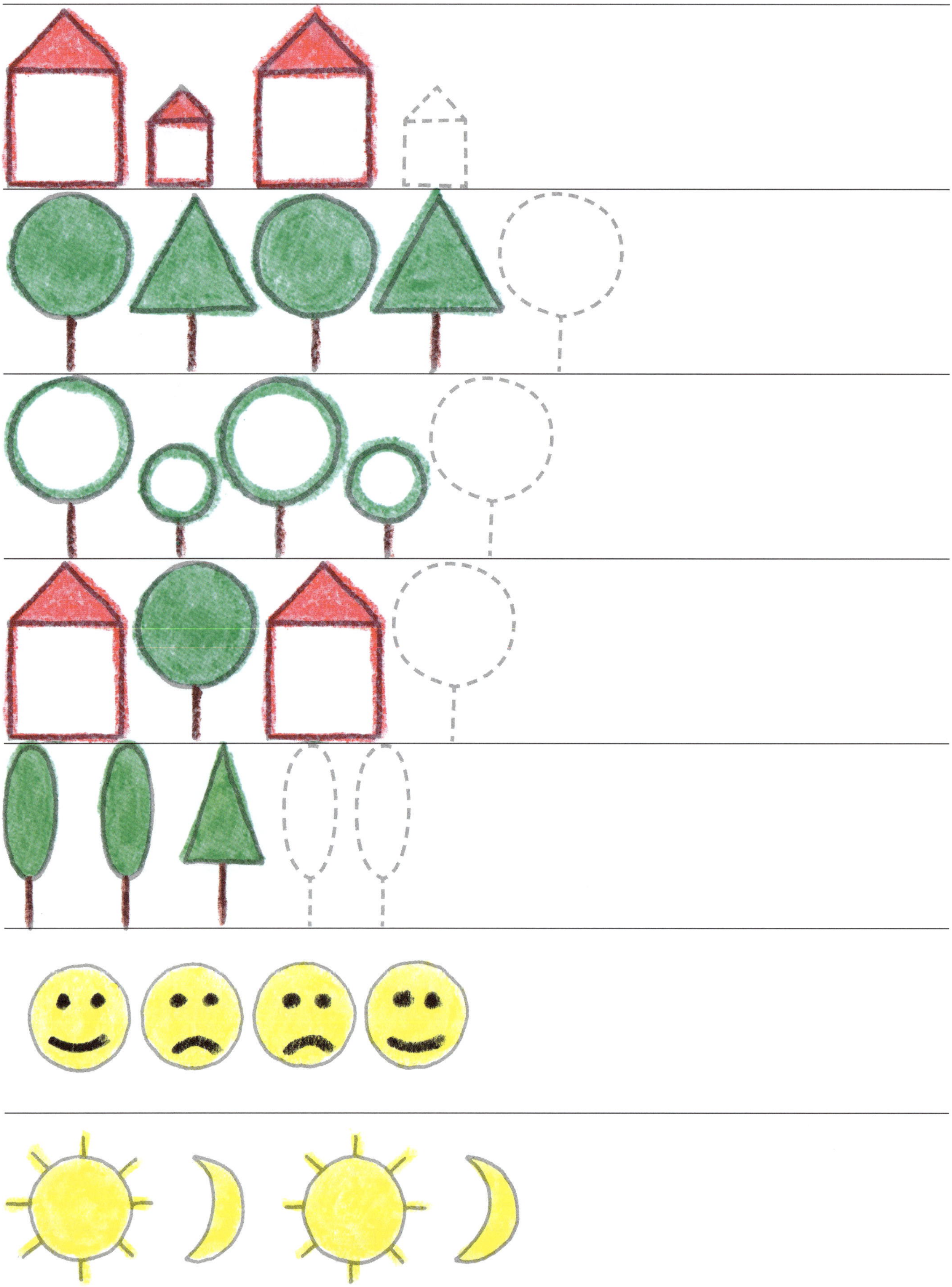

→ Schülerbuch, Seite 45

Geometrische Muster erkennen, beschreiben und mit Wachsmalstiften oder weichen Buntstiften fortsetzen.

→ Schülerbuch, Seite 46
Geometrische Muster erkennen, beschreiben und mit Wachsmalstiften oder weichen Buntstiften fortsetzen.

Geometrische Muster

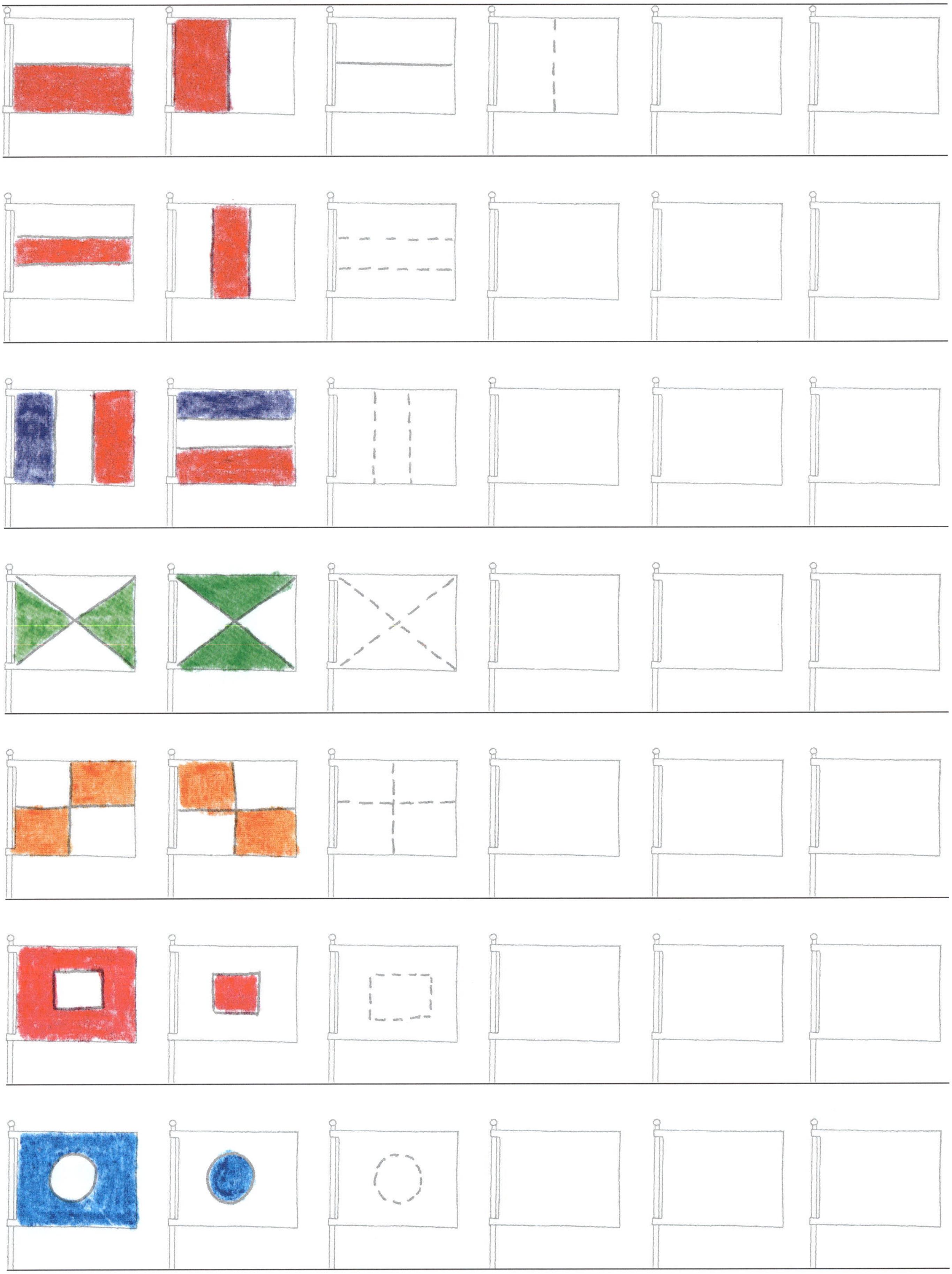

→ Schülerbuch, Seite 47
Die Fahnen mit Wachsmalstiften oder weichen Buntstiften mit unterschiedlichen Mustern gestalten.

→ Schülerbuch, Seite 48
Geometrische Muster erkennen, beschreiben und mit Wachsmalstiften oder weichen Buntstiften fortsetzen.

Symmetrisch ergänzen

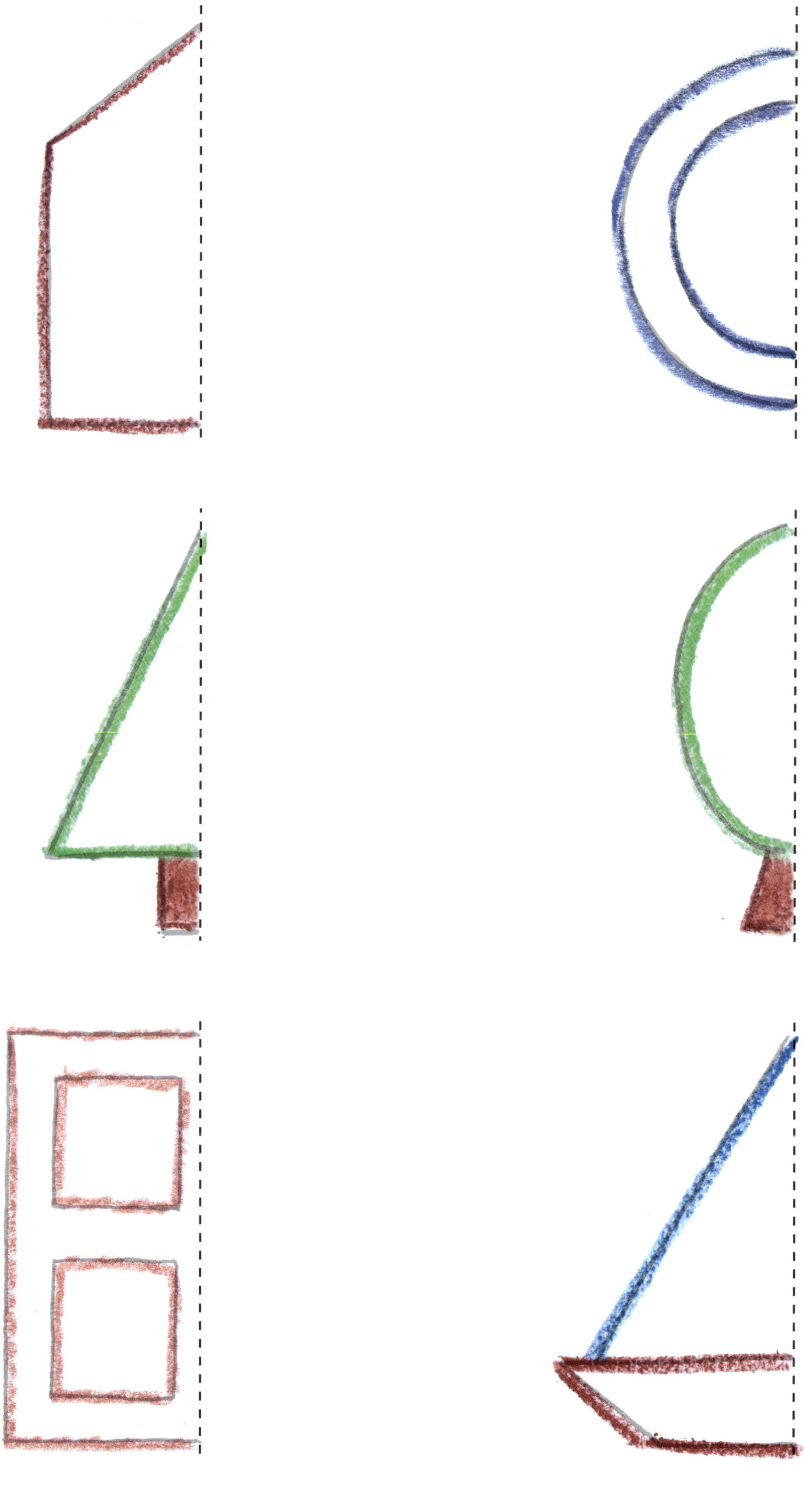

→ Schülerbuch, Seiten 38, 39

Zeichnungen zuerst mit dem Spiegel, danach mit Wachsmalstiften oder weichen Buntstiften symmetrisch ergänzen.

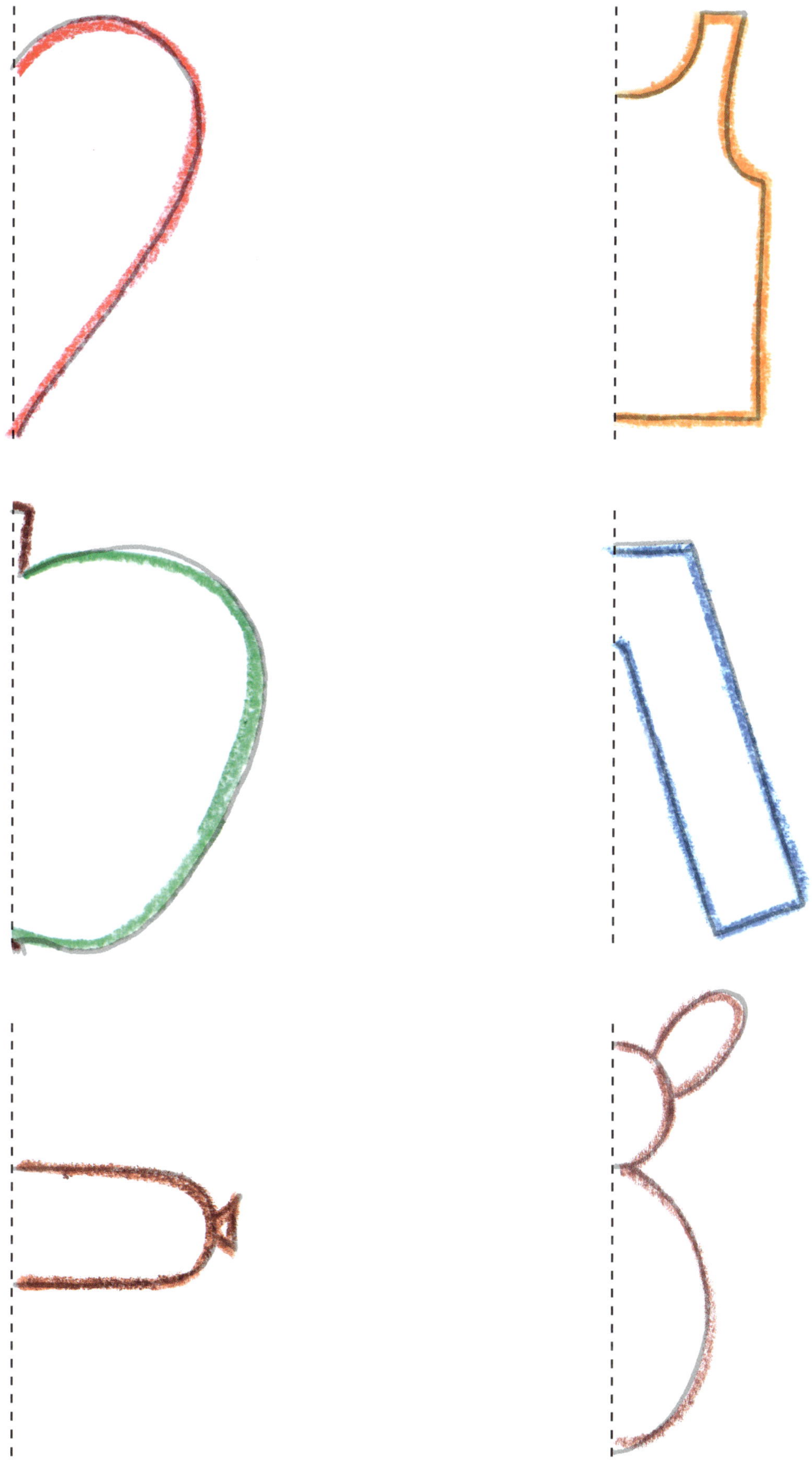

→ Schülerbuch, Seiten 40, 41

Zeichnungen zuerst mit dem Spiegel, danach mit Wachsmalstiften oder weichen Buntstiften symmetrisch ergänzen.

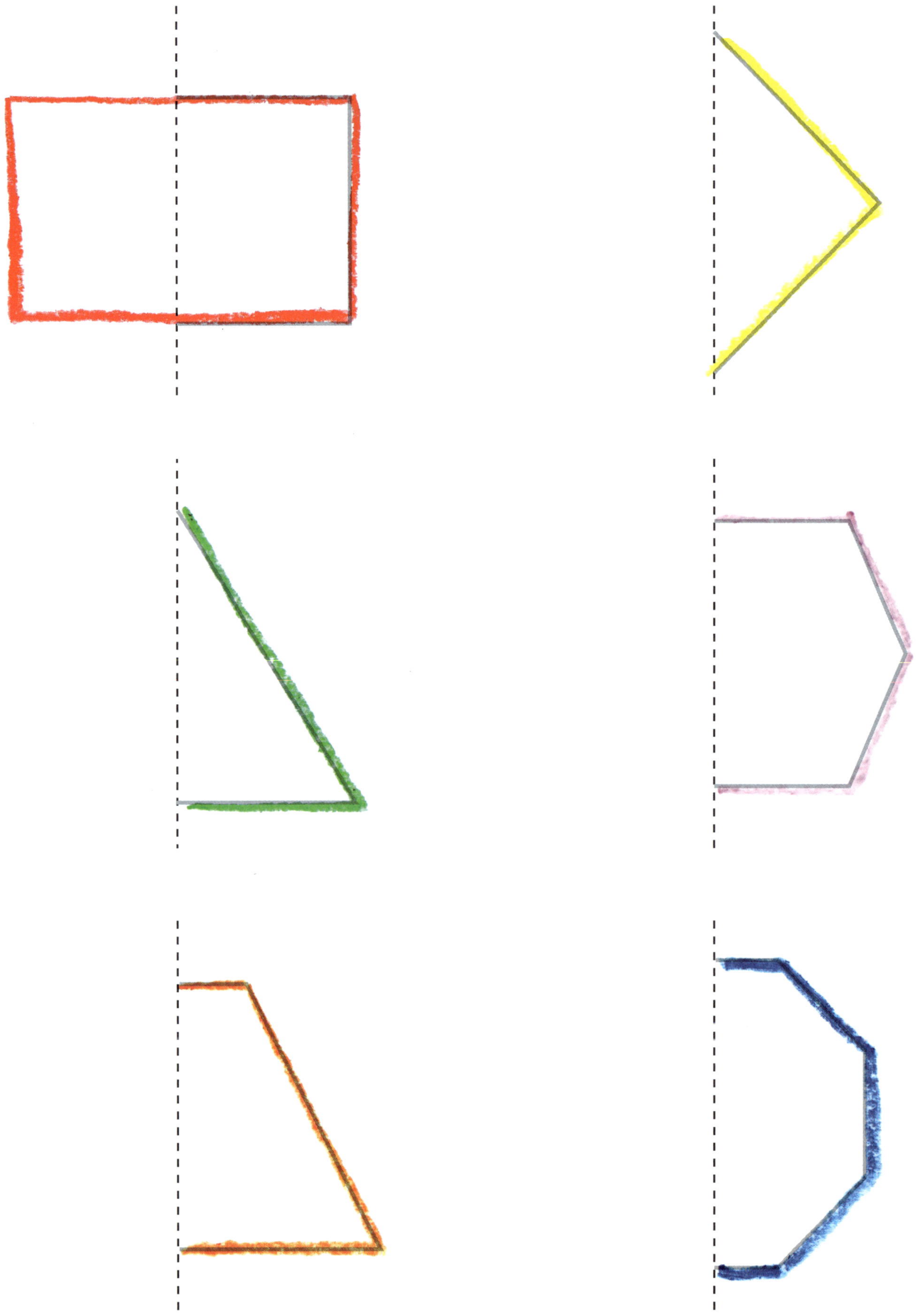

→ Schülerbuch, Seite 42
Geometrische Formen zuerst mit dem Spiegel, danach mit Wachsmalstiften oder weichen Buntstiften symmetrisch ergänzen.